Thomas Tuma

Der moderne Mann

THOMAS TUMA

Der moderne Mann

50 gesammelte Kolumnen

GABAL

Bibliografische Information der Deutschen Nationalbibliothek

Die Deutsche Nationalbibliothek verzeichnet diese Publikation in der Deutschen Nationalbibliografie; detaillierte bibliografische Informationen sind im Internet über http://dnb.d-nb.de abrufbar.

ISBN 978-3-86936-728-6

2. Auflage 2016

Lektorat: Dr. Sandra Krebs, GABAL Verlag, Offenbach
Umschlaggestaltung: Martin Zech Design, Bremen | www.martinzech.de
Titelzeichnung: Max Fiedler
Autorenfoto: Frank Beer
Satz und Layout: Das Herstellungsbüro, Hamburg | www.buch-herstellungsbuero.de
Druck und Bindung: Salzland Druck, Staßfurt

www.gabal-verlag.de
www.facebook.com/Gabalbuecher
www.twitter.com/gabalbuecher

INHALT

ALLE GEHEIMNISSE DES MODERNEN MANNES

Ein Vorwort des Verfassers

Um es hier gleich vorwegzunehmen: Ich bin nicht Herr K., den Sie hier gleich kennenlernen werden. Das merkt man schon daran, dass Herr K. (bislang zumindest) viel mehr Haare hat als ich, ein paar Jahre später geboren wurde, in einem weit größeren Unternehmen arbeitet und natürlich auch sonst ganz anders ist. Na ja, nicht immer vielleicht. Aber so ist das nun mal mit Kunstfiguren, zu denen Herr K. zweifellos zählt.

»Da haben Sie sich aber ganz schön was vorgenommen, Sie größenwahnsinniger Schreiberling«, mailte ein Leser, als die Kolumne rund um den *Modernen Mann* im Handelsblatt gestartet wurde. Und natürlich hat dieser Leser völlig recht: An Herrn K. erinnern sich die Älteren unter Ihnen, die ihre Jugend noch ohne Smartphone, Snapchat und Facebook verbringen mussten, vor allem aus dem Deutschunterricht: Einerseits gab es in Franz Kafkas Werk *Der Prozess* die Hauptfigur »Franz K.«. Andererseits war ein Herr K. (oder eigentlich: Herr Keuner) auch der Mittelpunkt jener kleinen Storys, die Bertolt Brecht viele Jahre seines Lebens quasi nebenher verfasste. Die parabelnden Preziosen waren auch deshalb so beliebt, weil sie so schön kurz waren.

Das sind zugleich die beiden einzigen Zusammenhänge, die ich zwischen Brecht und mir selbst zu sehen wagen würde: 1) Kürze und 2) nebenbei.

Ich schreibe die neuen Geschichten von Herrn K. (warum er so heißt, erfahren Sie auf Seite 13) auch immer nebenher auf. Der Grund ist schlicht: Sie glauben ja nicht, wie hart man im arg gebeutelten Mediengeschäft heute arbeiten muss, um als »Lügenpresse« noch wahr- oder gar ernstgenommen zu werden. Da bleibt jedenfalls für solche Kapriolen nur nachts oder an den Wochenenden Zeit.

Ihr Mitleid darf sich indes in Grenzen halten, denn Herr K. macht auch Spaß, obwohl ich wie erwähnt seine Abenteuer, Ansichten und Lebensweisheiten nur aufschreibe, nicht alle selbst erlebe. Herr K. ist ein Prototyp. Er ist viele. Er ist immer ein bisschen verunsichert über seinen Platz in der Welt. Welche App macht ihn womöglich bald überflüssig? Welchen Sport soll man treiben? Und welche Rolle soll er künftig spielen im großen Gender-Konzert ... als weißer, heterosexueller Mann mittleren Alters?

Seit über zwei Jahren erscheint im Handelsblatt jede Woche eine kleine Geschichte über ihn. Seine Fanbase wächst beständig und ist natürlich außerordentlich humorbegabt, polyglott, gebildet und solvent. Betrachten Sie sich daher selbst als angesprochen ... und sehen Sie das zugleich als Empfehlung, dieses Buch auch all Ihren Freunden, Verwandten, Kollegen sowie deren Frauen zu schenken. Es gibt so viele Anlässe: Geburtstage, Jubiläen, Betriebsfeste, Grillabende und und und ...

Viele haben sich schon vor Ihnen auf Herrn K. eingelassen. Das merkt man unter anderem daran, dass immer mehr Leser auch die Kunstfigur anmailen – mit Ideen ebenso wie mit Fragen, Sorgen oder eigenen Erlebnissen aus dem Kosmos des »modernen

Mannes«. Probieren Sie es aus, wenn Sie's nicht glauben – es funktioniert eigentlich immer: herr.k@handelsblatt.com.

Dabei bleibt eine durchaus beabsichtigte Restunsicherheit über die Frage bestehen, wer da eigentlich antwortet: irgendein echter Herr K., ich, meine Frau oder vielleicht ein 34-köpfiges Team schlecht bezahlter Germanistikstudenten in Bangalore? Wer weiß das schon in unübersichtlichen Zeiten wie diesen?! Und ist es letztlich nicht völlig egal? Hauptsache, man hat ein bisschen Unterhaltung. Insofern kann ich Ihnen jetzt nur viel Spaß bei der Lektüre wünschen.

Ihr *Thomas Tuma*
Hamburg 2016

GESAMMELTE KOLUMNEN

1.

SENIOR-CONSULTANT-KEY-ACCOUNT-IRGENDWAS

Der Mann, von dem hier die Rede sein soll, heißt vollständig Stefan Klausen-Meier und ist im mittleren Management eines größeren Unternehmens tätig, dessen Name hier nichts zur Sache tut – anders als sein eigener. Er kam als Klausen zur Welt, ein Name, der ihm nicht sonderlich am Herzen lag. Deshalb und weil er ein moderner Mann ist, der sich zudem nicht mit seiner Frau anlegen wollte, übernahm er auch deren Nachnamen. Aber weil Stefan Klausen-Meier wirklich zu umständlich klingt und er selbst auf Effizienz und Optimierung aus ist, sei er hier künftig schlicht Herr K. genannt.

Herr K. ist Mitte 40, verheiratet, hat zwei Kinder und es längst aufgegeben, seiner Frau erklären zu wollen, was er so macht tagein, tagaus. »Er ist Senior-Consultant-Key-Account-Irgendwas«, hat sie einmal angeschickert bei einer Party einer anderen, wildfremden Ehefrau erklärt. Er fand das durchaus lustig, hat aber seither auch keinen Versuch der Richtigstellung mehr unternommen. Das hat nichts mit mangelnder Liebe zu seiner Frau zu tun, eher im Gegenteil, wenngleich wir über Liebe vielleicht doch erst philosophieren sollten, wenn wir uns hier in dieser Kolumne ein bisschen besser kennen.

Ob Herr K. nun im Versicherungsgewerbe, Handel oder Maschinenbau arbeitet, ist jedenfalls wurst. Dinge ähneln sich. Bei seinem letzten Familientreffen waren all diese Branchen vertreten, und die Prioritätenliste der Gesprächsthemen sah in jeder Sofaecke gleich aus: 1. Das Handy versklavt uns! 2. Wer lässt sich als Nächstes scheiden? 3. Dem Georg haben sie neulich drei Bypässe gelegt – drei! Mit 47! 4. bis 10. Mein Chef ist ein Irrer! Womit wir beim Thema wären.

Die aktuelle Position von Herrn K. auf der Karriereleiter könnte man am einfachsten umschreiben mit: Er hat weit weniger Kollegen über als unter sich. Wenn beim Sommerurlaub im Robinson-Club jemand am lustigen Zwangs-Gemeinschafts-Achtertisch fragt, was er denn so mache (weil man es ihm in seinen schlabbrigen Marc-O'Polo-Bermudas nun mal nicht ansehen kann), sagt er bisweilen: »So kurz unter Vorstand.« Das gibt seinem Leben Halt und Sinn in einer Welt, die doch sehr komplex geworden ist.

Als Herr K. Abitur machte, waren Computer noch etwas für die komischen Typen aus der Informatik AG. Damals kriegten die kein Mädchen ab, heute kontrollieren sie Hidden Champions im Bereich Business Solutions mit Standorten auf drei Kontinenten. Es gab noch keine Smartphones, kein Internet, keine Generation Y, nur Kassettenrecorder, Wählscheibentelefone und sogar die DDR. Patchwork war allenfalls Omas Auslegeware. Herr K. ist – beruflich wie privat – bisweilen irritiert von dieser sich rasant verändernden Welt, will sich aber nichts anmerken lassen. Er ist jetzt in einem Alter, in dem es um letzte Fragen geht: Woher komme ich? Wohin gehe ich? Und wie viele Bonusmeilen gibt's auf dem Weg dorthin?

2.

FACEBOOK IST FÜR RENTNER

Herr K. twittert neuerdings, wenn auch eher fremdbestimmt. Eine »Case Study Evaluation« seiner Firma war zu dem Ergebnis gekommen, dass er den niedrigsten Social-Media-Koeffizienten seiner gesamten Abteilung hat. Im Klartext: Er gilt als kommunikativer Vollwaise. Selbst sein Kollege Treuenfels kam auf einen höheren Wert. Der diktiert zwar jede SMS seiner Sekretärin, ist aber auch für die Organisation der Weihnachtsfeiern und Konzern-Incentives verantwortlich.

Social Media scheint für Unternehmen generell das ganz große Ding zu sein. Interaktion mit dem Kunden gilt als wichtig, selbst wenn dieser Kunde eigentlich nur an Entgasungsanlagen oder dem Export von Spundmuffen-Schraubgewinden in die nordöstliche Walachei interessiert ist. Der Vorstand empfahl aufgrund der Studie allen Mitarbeitern, ihre Online-Präsenz zu stärken. Leider ist die Beziehung zwischen Herrn K. und Social Media bis dahin eine eher einseitige Liaison gewesen.

Als er sich vor zwei Jahren bei Facebook anmeldete, hat ihm seine Tochter (sie war damals 14) sofort erklärt, dass sie sich eher entleiben werde, als seine Freundschaftsanfrage zu akzeptieren. Sein Online-Bekanntenkreis ist danach überschaubar geblieben, bis er vergangene Woche abends seine Familie dazu überredete, mit ihm gemeinsam einen Twitter-Account zu eröffnen. Sein

Tweet Nummer eins war schnell getippt: Hallo, hier bin ich ;-) Tweet 2: Ja, ihr, ich bin es wirklich, @HerrnK – man duzt sich in diesen sozialen Netzwerken, was Herrn K. nicht unbedingt entgegenkommt, aber sei's drum. Tweet Nummer drei war ein Link zu seiner Firmen-Homepage. Was soll man sagen: Das Echo der Weltöffentlichkeit hielt sich danach auch trotz dieses leidenschaftlichen Engagements in engen Grenzen.

Eine Woche später hatte er drei Follower: seine Sekretärin, die Sekretärin von Treuenfels und einen gewissen @Headhunter47, den seine Frau heimlich für ihn erfunden hatte, um @HerrnK für die digitale Community irgendwie interessanter zu machen. Auch bei Facebook waren keine Fortschritte zu erkennen. »Facebook ist was für Seniorenwohnheime«, mischte sich irgendwann seine Tochter ein und erklärte eher aus Versehen, wohin die Reise geht: Sie tumblrt, skyped, snapchattet, whatsappt und instagramt. Ihr nüchternes Resümee über das immerhin größte soziale Netzwerk der Erde hat zwar nicht dem Social-Media-Koeffzienten ihres Vaters geholfen, aber ihm selbst: »Facebook ist was für Seniorenwohnheime«, ließ er am Rande eines Town Hall Meetings mit dem Vorstand fallen. Das beeindruckte.

Nächste Woche soll K. bei einem Vorstands-Get-together einen Impulsvortrag halten über die Kurzatmigkeit im Social-Media-Gewerbe. Seine Tochter wittert bereits ein Geschäft als Ghostwriterin. Ihre Honorarvorstellungen sind bislang absurd. Aber sie wird gewinnen. Herr K. weiß es.

3.

GENDERFRAGE UND GEPÄCKABLAGE

Die Zahl der weiblichen Flugreisenden im innerdeutschen Flugverkehr hat deutlich zugenommen. Herrn K. freut das. Er ist für Diversi... Divider... also für mehr Frauen in Führungspositionen. Ihr langer Marsch durch die Institutionen hat begonnen. Herr K. findet, dass sie dabei sehr tatkräftig wirken, effizient und gut aussehend. Viel tatkräftiger, effizienter und besser aussehend, als er selbst jemals war. Deshalb ist es für ihn völlig in Ordnung, dass Frau Doktor Schwielow im Vorstand vor Kurzem die Bereiche Personal und IT übernommen hat. Sie ist neu in seiner Firma und war vorher bei einer amerikanischen Unternehmensberatung, einem asiatischen Elektronikriesen und sogar mal Trainee bei der Weltbank. Unter anderem. Herr K. fühlt sich bisweilen wie ein Müllsack, wenn er ihr in der Firma begegnet. Sie sitzt jetzt drei Reihen vor Herrn K., allerdings anders als er in der Business Class.

Das heißt, noch steht sie im Gang und kriegt den Deckel des Gepäckablagefachs nicht zu. Die Stauräume sind ja vorne auch nicht anders. Eigentlich eine sehr basisdemokratische Sache, auch wenn Herr K. nicht das Geringste gegen die Klassen-Trennung hat. Der Vorstand fliegt eben Business. Klack, klack, klack. An der großen Kelly Bag von Frau Doktor Schwielow kann es eigentlich nicht liegen. Da schauen zwar zwei Ordner und ihr Laptop raus. Aber das kann man meist irgendwie quetschen.

Warum hilft der Frau denn niemand? Herr K. würde sofort aufspringen, um sie zu unterstützen. Sie versucht gerade, Gepäckstücke anderer Mitreisender umzuschichten. Klack, klack, klack. Klappt immer noch nicht. Herr K. kann nicht raus, er ist auf seinem Fensterplatz in der Economy eingekeilt. Klack. Klack. Frau Schwielows Elan erlahmt langsam. Sie sieht sich hilfesuchend um. Eine blondierte Stewardess kommt angestöckelt und schließt die Ablage mit einem einzigen Handgriff.

Herr K. schätzt die beiden Frauen gleich alt. Ende 30. Die Stewardess hat türkismetallicfarben lackierte Fingernägel mit Strass-Applikationen, Frau Doktor Schwielow hat in Kiel, Bologna und Berkeley studiert. Sie unterstützt an den Wochenenden ein Projekt für sozial benachteiligte Jugendliche, sitzt in zwei Aufsichtsräten, spielt in ihrer knapp bemessenen Freizeit Bratsche in einem Streich-Quintett – und scheitert an dieser fucking Gepäckablage.

Für einen Moment schauen sich Herr K. und Frau Doktor Schwielow direkt in die Augen. Zufällig. Sie kennen einander. Flüchtig. Herr K. lächelt. Das Lächeln soll Verständnis heucheln. In Wahrheit ist er einfach furchtbar erleichtert, dass er nicht der einzige Idiot ist, der mit diesen Dingern immer Probleme hat. Bei Frau Doktor Schwielow kommt das Lächeln als Grinsen an.

Herr K. weiß in diesem Moment noch nicht, dass er sich in den nächsten Monaten des Öfteren wird wehren müssen gegen Vorwürfe, er sei ein genderpolitischer Dinosaurier. Es wird anstrengend werden für ihn. Sehr anstrengend.

4.

KING KONG ODER HASSPREDIGER?

Es gibt weltpolitisch viele Fragen, denen sich Führungskräfte im mittleren Management – wie Herr K. – aktuell stellen müssen. Proaktiv. Zum Beispiel: Wie halte ich's mit der Ukraine? Oder Syrien? Oder Saudi-Arabien? Herr K. ist nicht sicher, mit welcher Meinung er seinem Vorstand die größte Freude bereiten könnte, und rettet sich deshalb bislang in ein entschlossenes »Ihr wisst ja, dass ich die Ost-Ukraine ambivalent sehe«. Natürlich weiß das niemand, aber es wird dann auch nicht mehr nachgefragt, weil man's ja wissen sollte.

Noch wichtiger ist zurzeit allerdings die Frage: Trägt der moderne Mann wieder Bart ... und zwar nicht nur in der Ost-Ukraine bzw. IS-Kreisen? Berger aus dem Marketing kam jüngst mit derart zotteligem Gewölle am Kinn aus dem Kanada-Urlaub zurück, dass Herr K. schon zu seiner Sekretärin sagen wollte: »Bastelt bei uns neuerdings King Kong die Reklame-Flyer?« Er ließ das aber, weil sie just in dem Moment von Bergers »Look« zu schwärmen begann. Das ist jetzt zwei Wochen her. Seither sieht Herr K. überall Bärte.

In seiner Jugend war dieses Gesichts-Accessoire allenfalls etwas für Polizeibeamte, Bergbauern und lustige Menschen, die »Originale« genannt wurden und an Bart-Wettbewerben in bayerischen Luftkurorten teilnahmen.

Männlichkeit konnte man eher mit der Art beweisen, wie man dem Haarwuchs Einhalt gebot. Herr K. erinnert sich ungern des hart an den Rand der Selbstverstümmelung reichenden Blutbades, das er einmal zu Hause beim Nassrasieren anrichtete. Seither steht der Pinsel aus feinstem Dachshaar dekorativ im Badezimmer, und Herr K. nutzt heimlich wieder den Elektrorasierer. Das ist vielleicht uncool, aber praktisch. Zwar kam dann noch jene Ära, in der man mit einem fusseligen Acht-Tage-Bart bei Frauen reüssieren konnte, doch da war Herr K. längst verheiratet. In jüngster Zeit musste er sich eher damit auseinandersetzen, dass der Freund seiner Tochter so ein skurriles Kinn-Ziegenbärtchen trägt.

All dieser Körperschmuck soll etwas aussagen, ahnt Herr K. Er weiß nur nicht, was. Vielleicht: neue Männlichkeit? Zivilisierte Wildheit? Oder: Wir sind alle ein bisschen Taliban? Es sind ja nicht irgendwelche filigranen Schnäuzer, die er nun in der Werbung, aber auch bei den Verkäufern in den Herren-Oberbekleidungsgeschäften seines Vertrauens erlebt. Hier wie dort wird er mit buschigen Matten konfrontiert, die bis auf die Brust reichen und jedem Hassprediger alle Ehre machen würden. Sollen solche Bärte sagen: Dieser Mann macht keine Kompromisse? »Bin ich das? Ein ganzer Kerl? Unangepasst? Pur?«, fragte sich Herr K. am Wochenende beim abendlichen Blick in den Badezimmerspiegel.

Er hatte der Natur drei Tage ihren Lauf gelassen. Einziges Ergebnis: Sein sechsjähriger Sohn schrie beim Umarmen: »Bäh, Papa, du kratzt!« Herr K. lächelte, als er das hörte. Er wusste nun, was zu tun war, und fühlte sich wie sein Elektrorasierer: uncool, aber praktisch.

5.

MAN IST, WAS MAN TRINKT

Offenbar ist in Führungszirkeln grüner Tee seit einiger Zeit unglaublich hip. Herr K. weiß nicht, weshalb, denn eigentlich schmeckt so ein Aufguss doch wie in altem Olivenöl eingelegte Stützstrümpfe. Aber nachdem er in einem Wirtschaftsmagazin gelesen hat, wer alles mittlerweile auf grünen Tee schwört, musste seine Frau auch eine sehr teure Glastasse für ihn kaufen samt Tee-Ei und natürlich den Grundstoff, der aussieht wie vertrockneter Spinat.

Es gibt dazu Nachschlagewerke, die einem die korrekten Aufbrüh-Temperaturen näherbringen und die regionalen Feinheiten jeder First-Flush-Hanglage im Hochland von Rajastan sowie die Unterschiede von Matcha und Sencha. So weit würde er in der Detailarbeit aber erfreulicherweise nicht gehen, denn er ist ja nicht von der heilenden Wirkung des Heißgetränks überzeugt, sondern allenfalls von dessen publikumswirksamer Symbolkraft. Herr K. ist bekennender Opportunist.

Wofür also steht grüner Tee? Wie alle Moden für eine gewisse Haltung, nimmt Herr K. als trendtechnisch Außenstehender an. Er könnte ja diese Beutel-Mischungen kaufen, die im Supermarkt seines Vertrauens heute »Wohlgefühl« oder »Herzenslust« heißen. Aber das wäre in seinem Falle wahrscheinlich unter Positionierungs-Gesichtspunkten genauso wirkungsvoll wie ein

Diddlmaus-Kaffeebecher. Selbst aufgebrühter grüner Tee steht für Nachhaltigkeit und Askese.

Was verriet es dann aber, dass die Business-Class-Reisenden vor 20 Jahren schon den ersten Cognac bestellten, als im Flieger die Anschnallzeichen noch gar nicht erloschen waren? Spaß bei der Arbeit? Damals hat man der Stewardess auch noch schmutzige Komplimente gemacht, für die man heute zu Recht noch vor der Landung alle bürgerlichen Ehrenrechte aberkannt bekäme. Hat die Lufthansa überhaupt noch harte Spirituosen im Angebot?

Eine Zeit lang war dann Cola light en vogue, vielleicht weil das jugendlich-sportliche Dynamik verströmte. Karl Lagerfeld zum Beispiel scheint immer nur Cola light getrunken zu haben, auch wenn Herr K. seine Fachkenntnisse dazu eher der »Bunten« verdankt und andere Führungsfiguren schnell auf Wasser umschwenkten. Stilles Wasser. Herr K. hat den Eindruck, dass das Wasser nach dem Platzen der New-Economy-Blase wellengleich in deutsche Vorstände schwappte, weil es zugleich für Reinheit, Authentizität und Bescheidenheit stand. Vielleicht gehen Herrn K.s küchenpsychologische Ausflüge da schon zu weit, aber es gab eine Zeit, da musste das Wasser mindestens aus der Felsquelle eines norwegischen Einödbauern stammen und in Karaffen abgefüllt sein, die von Philippe Starck designt waren.

Tja, und dann kam eben der Tee, von dem seine Frau gar nichts hält. Als Herr K. sich zu Hause das erste Mal einen aufbrühte, öffnete sie demonstrativ alle Fenster. Er versprach, das Zeug fortan aufs Büro zu beschränken. Dann machte sie ihm einen total unnachhaltigen und sahnig-ungesund-süßen Nespresso Latte. Sie mussten beide lachen.

6.

IN DEN FÄNGEN DER GLOBALISIERUNG

»Warum bist du so blass?«, fragt der sechsjährige Sohn von Herrn K. »Weil ich zurzeit noch mehr zu tun habe als sonst«, antwortet Herr K. Das stimmt zwar nur bedingt, aber da denkt er noch, er könnte das Gespräch schnell beenden.

»Warum?«

»Weil meine Abteilung gerade mit einer ganz ähnlichen einer anderen Firma verschmolzen werden könnte.«

»Warum?«

Herr K. hat sich vor langer Zeit vorgenommen, seine beiden Kinder wie Erwachsene zu behandeln und entsprechend mit ihnen zu kommunizieren. Nicht auf diesem Dutzi-Dutzi-Level, sondern auf Augenhöhe. Wenn seine Sekretärin das nun hören könnte, würde sie in sich hineinlachen und glucksen: »Es reicht ja, wenn er seine Angestellten wie Kinder behandelt.«

Herr K. schaut sein Kind an: Warumwarum? »Weil der amerikanische Private-Equity-Fonds Greystoke gern meine gesamte Firma kaufen würde, aber ein ähnliches Unternehmen schon besitzt und entsprechend durch Verschmelzung vergleichbarer Units Synergien heben würde.«

Ein einziges Mal schaltet sich seine Frau ein: »Ist Greystoke nicht auch der ›Herr der Affen‹ gewesen? Christopher Lambert und so ...« Sie steht am Herd und schüttet gerade hochkonzentriert das Pulver einer Maggi-Tüte in eine Pfanne. Wahrscheinlich gibt es sizilianische Nudelpfanne oder so was. »Warum?«, fragt das Kind weiter. »Warum was?«, fragt Herr K., der für einen kurzen Moment unbeherrscht wirkt, dann fängt er sich wieder.

In den Comic-Heften seiner Kindheit wäre seine nächste Sprechblase von Blüten umkränzt: »Du meinst, warum Greystoke Synergien heben will, mein Schatz?« Sein Kind starrt ihn an und nickt langsam: »Hmmmm.« – »Weil Greystoke Personalkosten sparen möchte, indem es manche Dinge künftig nicht von zwei Leuten, sondern von einer Person erledigen lässt. Das wiederum steigert die Gewinne, worauf es Greystoke vor allem ankommt.« Das Warum-Spiel fängt an, ihm Spaß zu machen. Er ist sich jetzt sicher, dass er gewinnen wird. Die Nudeln brutzeln lautstark in der Pfanne vor sich hin.

»Warum?« – »Nun, weil Greystoke wiederum zu 50,1 Prozent einer börsennotierten britischen Holding gehört. Die Sperrminorität eines russischen Oligarchen lasse ich jetzt mal außen vor. Wichtig ist, mein Sohn, wer hinter der Holding steckt: drei angloamerikanische Pensionsfonds, ein deutscher Versicherungskonzern sowie – über eine eher komplexe Verbindung auf den Cayman Islands – auch Teile des saudischen Königshauses. Kannst du mir noch folgen? Ja? Und die wollen alle mehr Geld verdienen, damit sie ihren Kindern die neue Wii, ein Pferd oder einen goldmattierten Mini-Ferrari schenken können. Deshalb muss dein Papa jetzt gucken, wo er bleibt.«

In diesem Augenblick fällt seiner Frau die Pfanne scheppernd auf die Terrakotta-Fliesen, und sie zischt: »Sch... eibenkleister!« Sie schaut ihren Mann an. Das Kind schaut jetzt Frau K. an: »Warum?«

7.

AUF DER SUCHE NACH EINER SCHICKEN ALLERGIE

Neulich in der Kantine: Herr K. hatte Chefsalat, Berger aus dem Marketing eine Gluten-Unverträglichkeit, der unvermeidliche Koslowski eine Laktose-Intoleranz und Frau Stibbenbrook aus der Rechtsabteilung ohnehin keinen Hunger, wenn man von dem fettarmen Natur-Joghurt absieht, mit dem sie sich ihren Büroalltag fünfmal täglich verschönert. Die Juristin kocht zurzeit ohne Weizen und reagiert mittlerweile laut eigenen Erzählungen auf Kamille, Hülsenfrüchte, Rotwein und tierische Gelatine mit großflächigen Ekzemen.

Sein Salat schmeckte Herrn K. bis zu dem Moment, als Frau Stibbenbrook sagte: »Wahnsinn, wie Sie reinhauen! Ihren Stoffwechsel möcht' ich mal haben.« Es klang weniger begeistert, als es sich hier liest. Als er nach Hause kam, war er aschfahl. »Wie siehst du denn aus?«, fragte seine Frau. Er antwortete: »Ich brauche dringend eine Allergie. Alle haben jetzt eine.«

Als die Familie abends beriet, was zu tun sei, wurde schnell klar: Heuschnupfen reicht nicht mehr. Heuschnupfen ist »voll Achtziger und was für Loser«, sagte die 16-jährige Tochter von Herrn K., der sich daran erinnerte, wie er während der Pollensaison früher zu kämpfen hatte. Damals nahm man das als gottgegeben hin, heute rennt man zu drei Allergologen und Homöopathen. Aber im Prestige-Ranking der Krankheiten rangiert der

Heuschnupfen tatsächlich heute nicht nur in seiner Firma irgendwo zwischen Keuchhusten und Fußpilz.

Zugleich müssen Führungskräfte im gehobenen Management wie Herr K. aufpassen, was sie an Krankheiten kultivieren – und entsprechend preisgeben. »Ich hab' Meniskus«, hat deutlich mehr Glamour als das Eingeständnis eines Bandscheibenvorfalls. Meniskus klingt nach sportlichem Ehrgeiz, den Herr K. in seiner Freizeit bisher nur bedingt entwickeln konnte. Schon mit dem Bekenntnis einer chronischen Entzündung der Nasenschleimhäute sollte man im Kollegenkreis indes sparsam umgehen.

Herr K. versteht vor allem den Allergie-Enthusiasmus nicht: Überall wird Toleranz so was von gesellschaftlich GROSSGESCHRIEBEN, dass es sich bis in dieses Buch zieht. Und ausgerechnet beim Essen kann es nun gar nicht intolerant genug sein. Einerseits wollen alle sich selbst optimieren und Fitness demonstrieren. Andererseits sind Allergien das ganz große Ding. »Wer krank ist, macht sich verdächtig. Wer gar nix hat, erst recht«, philosophierte er über dem Abendbrot. Seine Frau merkte an, dass auch Vorsorgeuntersuchungen sehr en vogue seien: Kreislauf, Haut, Darm – alles darf getestet, nur bitte nix gefunden werden.

Zum Dessert brachte sie Mousse au Chocolat. Herr K. liebt Schokolade, was sie dann auf die rettende Idee brachte, die er beim nächsten Kantinen-Date sofort ausprobierte. Er kniff sich leicht in die Hüfte, Frau Stibbenbrook fragte prompt nach, Herr K. gestand: »Kakao-Insuffizienz. Ich hab's aber im Griff.« Eine Mittagspause lang war er der König. Der König der eingebildeten Kranken.

8.

VOM GRÜNDEN UND SCHEITERN

»Darf man eigentlich noch den Begriff ›Penner‹ verwenden?«, fragt sich Herr K., als er in der Mittagspause nicht in die Kantine geht, sondern zu Sergio, dem Lieblings-Italiener der Führungskräfte seiner Firma. Ist »Obdachloser« der ethisch korrektere Begriff? Oder »wohnsitzloser Kleinunternehmer«? Herr K. möchte wirklich keinen Fehler machen, denn er trifft bei jedem Sergio-Ausflug auf Kuddel, der immer an derselben Ecke sitzt und von ihm einen Euro kriegt oder zwei.

Als Gegengeschenk bekam er von Kuddel bislang oft ein selbst gebasteltes Männchen aus geknickten Kronkorken. Diesmal aber ist alles anders: Kuddel hat dem Männchen noch eine Heftklammer-Krawatte um den Hals gehängt. Damit ist für Herrn K. der Moment zum Handeln gekommen.

Er weiß, wie das jetzt weiterginge. Erst macht Kuddel auch noch eine Kronkorken-Frau, um neue Zielgruppen anzusprechen. Das Portfolio wird dann Schritt für Schritt um Kronkorken-Kinder und -Haustiere erweitert, was die Nachfrage schnell über die direkte Nachbarschaft hinauswachsen lässt. Kuddel investiert seine Einnahmen in ein E-Commerce-Portal namens kronkorken-maennchen.de. Skaleneffekte werden wichtig.

In dieser Phase geht es um schiere Masse, nicht um Gewinne. Die Produktion wird aus Kostengründen nach Bukarest verlagert, dann nach Guangdong. Ein Private-Equity-Fonds aus London investiert 15 Millionen Euro und erhält im Gegenzug 25,1 Prozent an der Kuddelmuddel AG, die von einem Bankenkonsortium unter Führung von Goldman Sachs an die Frankfurter Börse gebracht wird. Das Papier ist 15-fach überzeichnet.

Die »Börsenzeitung« warnt, »Focus Money« rät zum Kauf. Die Samwer-Brüder entdecken das Potenzial und fluten etliche Schwellen- und Entwicklungsländer mit billigen Kopien wie korkenking.ng und mannimanno.br. Um seine Core-Values zu promoten, entscheidet sich Vorstandschef Kuddel zu einer mehrwöchigen Print-Kampagne mit Cosma Shiva Hagen in der Rolle des Kronkorkenmädchens. Dennoch bricht der Absatz ein.

Salzteig-Männchen sind »das neue große Ding im Netz«, schreibt »Business Punk«. Die Banken werden unruhig, die Aktie stürzt ab. Erste Flagship-Stores in teuren Innenstadtlagen müssen schließen. »Focus Money« hat es immer schon gewusst. Ein »PlusMinus«-Beitrag deckt steuerliche Unregelmäßigkeiten der Holding auf. Kuddel muss sich wegen Insolvenzverschleppung und Untreue verantworten. Wenn es so weitergeht, wird er auf der Straße landen oder gleich im Knast. Genauso wird es sein, wenn Herr K. das Kronkorken-Business weiter unterstützt. Genau so!

Herr K. steht vor Kuddel und schaut ihn ratlos an: »Ich kann dir nichts mehr geben, Kuddel«, sagte er. »Es ist wirklich zu deinem Besten.« Kuddel wartet mit einer Replik, bis Herr K. um die Ecke verschwindet. Dann murrt er: »Penner!«

9.

WENN SICH SPAREN NICHT MEHR LOHNT

Er ist selbst schuld. Warum fuhr Herr K. mit seiner Familie am Wochenende in dieses Outlet-Paradies? Dass man derlei nicht zur inneren Einkehr aufsucht, liegt ja auf der Hand, oder? Warum musste er dann nörgeln, dass sie nicht so viel kaufen sollen? Ebenso könnte er mit ihnen in ein sogenanntes »Spaßbad« gehen und dann fordern: »Aber bitte macht euch nicht so nass!« Und warum musste er am Ende auch noch zwischen Großraumtüten und Starbucks-Frappusonstwasmitsahne diesen einen, selbstmörderischen Satz hinnörgeln: »Wir müssen sparen!«

Seine Frau und seine beiden Kinder starrten ihn erst fassungslos an. Dann war es ausgerechnet seine 16-jährige Tochter, die prustete: »Hallo, Daddy, auf-wa-chen! Sparen! Lohnt! Nicht! Mehr!« Herr K. wusste, dass dahinter nicht nur die Rest-68er unter den Gymnasiallehrern seiner Tochter steckten. Sie hatte schlicht recht.

Niemand spart mehr. Berger aus dem Marketing hat sich gerade auf Pump das vierte Apartment in Berlin gekauft: »Finanziert sich von selbst«, knuffte er Herrn K. im Aufzug so verschwörerisch wie hochverschuldet in die Hüfte. Sparen ist nicht über Nacht unmodisch geworden. Es macht nur keinen Sinn mehr. Das Menetekel heißt »Negativzinsen« und flackert bereits durch Herrn K.s Träume. Er darf es gar nicht laut sagen, aber er hat noch

Lebensversicherungen und – pssst, bitte behalten Sie das wirklich für sich! – einen Bausparvertrag.

Dabei erinnert Herr K. sich gern an seine Kindheit, als man das Sparen quasi noch von der Pike auf gelernt hat. In seiner Schulklasse hingen damals kleine Boxen, in die man seine Rest-Groschen stecken konnte. Einmal im Jahr war Weltspartag, ein ähnliches Ereignis wie ... wie ... na ja, vielleicht nicht wie Heiligabend, aber doch wie Tag der Deutschen Einheit, den es natürlich noch nicht gab.

Der Schalterbeamte in der Bank (damals hatte dieser heute völlig verfemte Job noch etwas Halb-Amtliches) überreichte ihm im Gegenzug für die mühsam zusammengeklaubten Münzen und Scheine ein neues Sammelbildchenheft wie »Tiere in Haus und Hof«. Die Steigerung war »Wilde Tiere fremder Länder«. Irgendwo auf dem Dachboden müsste das noch ...

Herr K. ist jetzt im Weit-weit-weg-Land seiner leicht Midlifekriselnden Männerfantasien: Wenn sich Sparen nicht mehr lohnt, weshalb sollte sich dann Geldverdienen noch lohnen? Wozu sich weiter kaputtarbeiten? Es ist die Eine-Million-Euro-Frage vieler Mittvierziger wie Herr K., der sich an dieser Stelle aus dem Trubel des Cafés in eine Bergbauernhütte träumte, wo er als einsamer Hirte erst das Glockengebimmel seiner Ziegen hört und dann die Stimme seiner Frau: »Komm, jetzt kaufen wir dir auch was Schönes!«

Herr K. war wieder in der Jetztzeit und murmelte: »Okay, okay.« Er kann einfach nicht aus sich raus. Er ist ja noch gar nicht drin. Aber an diesem Tag ließ er es konsumtechnisch auch mal krachen: Er erstand ein sehr teures Porzellan-Sparschwein.

10.

WIE MAN EINE POLITISCH KORREKTE WEIHNACHTSFEIER PLANT

Konferenzraum XII.23–25A, 17.15 Uhr, Sitzung der AG Weihnachtsfeier. Es treten auf: Frau Stibbenbrook, die Herren Berger, Koslowski und K. In der Tischmitte: die Bahlsen-Adventsmischung. Einziger Tagesordnungspunkt: Planung der firmeninternen Weihnachtsfeier. Frau Stibbenbrook aus der Rechtsabteilung ergreift das Wort: »Wie Sie alle wissen, kann der Kollege Treuenfels die Organisation nicht mehr übernehmen. Deshalb ist es nun an uns, ein geeignetes Event zu incentivieren.«

Koslowski aus dem Controlling prescht vor: »Sagen wir's, wie's ist: Land und Firma florieren. Die Mannschaft will mal wieder Schrille Nacht.« Stibbenbrook geht dazwischen: »Sie meinen jetzt nicht die Stripperinnen, die Sie mal als Weihnachtsengel engagiert haben!? Das war frauen- und menschenverachtend.« Koslowski verstummt, erinnert sich aber daran, dass das einzig Unattraktive an den drei Damen seiner Meinung nach deren übertrieben hoher Stundensatz war.

»Wie wäre es mit einem Klettergarten ... Familienspirit und so«, versucht es der durchtrainierte Berger aus dem Marketing, worauf Herr K. trocken bilanziert: »Firmenjubiläum Sommer 2011, Sauerland, zwei Oberschenkelhalsbrüche, eine Frühverrentung.« – »Machen Sie doch 'nen besseren Vorschlag!« Herr K. überlegt: »Es muss doch nix Spektakuläres sein. Gans-Essen irgendwo hinterm Berg. Busse. Wandern Schrägstrich Schlittenfahrt.«

Frau Stibbenbrook schaltet sich wieder ein: »Wir müssen auch an unsere Ökobilanz denken. Und an unsere Kollegen mit Migrationshintergrund. Nicht nur bei der Wahl des Essens.« Koslowski kichert: »Sie meinen Üzgür aus der Poststelle? Sehr viel mehr haben wir doch gar nicht. Außerdem isses nun mal Weihnachten und nicht Ramadan. Ihr könnt ja 'nen Hassprediger einladen!«, worauf Frau Stibbenbrook aufschreit: »Jetzt reicht's, Herr Koslowski!« Nur noch die Klimaanlage brummt klagend ihr Lied.

»Mir braucht ihr eh kein Fleisch mehr vorzusetzen«, versucht Berger die aufgeheizte Stimmung zu beruhigen. Seit Sommer ist er Vegetarier. »Und ich bin da nicht alleine.« Frau Stibbenbrook notiert: »Also wenn Büfett, dann auch was Salatiges?« Sie schaut in die Runde. »Und dann hängen wir gemeinsam Tofu-Taler an die ökumenische Weihnachtspalme«, mault Koslowski, als die Tür aufspringt und Frau Dr. Schwielow aus dem Vorstand hereinweht: »Ah, hier wird schon fleißig gebrainstormt. Will ich gar nicht stören, nur so viel: Die Geschäftsleitung möchte dieses Jahr nichts Großes. Werte sollen im Mittelpunkt stehen. Auch Bescheidenheit ist ein Wert.«

Am Ende wird es keine Feier geben, sondern eine Spendenaktion zugunsten syrischer Flüchtlings-Waisenkinder. Koslowski rehabilitiert sich mit einer Idee, die Zeitgeist und Nachhaltigkeit auf überraschende Weise vereint: Die Spenden sollen mit einer betriebsinternen »Lemon Face Challenge« zusammenkommen. Die Zitronen muss Herr K. besorgen ... Fair Trade. Klar.

11.

JUNG BLEIBEN AB ENDE 30?

Wenn er morgens in den Badezimmerspiegel schaut, lernt Herr K. immer wieder jemand Neuen kennen. Der attraktive Mittvierziger, für den er sich hält, ist leider nicht allzu häufig dabei. Er sollte mehr Sport treiben. Aber ganz ehrlich: Ihm fällt kein Hobby ein, bei dem ein Mann ab Ende 30 noch seine Würde wahren könnte. Im Badezimmerspiegel hält er seinem eigenen Blick stand und fängt an zu grübeln.

Für Golf fühlt sich Herr K. noch zu jung. Soll er sich also eine Harley kaufen, eine Lederjacke überwerfen und am Wochenende durch den Harz sprottern? Neulich geriet er beim Familienausflug in ein sogenanntes »Biker-Treffen«, das so wild war wie barrierefreies Wohnen. Früher gingen Senioren in den Schwäbischen Albverein, heute setzen sie sich auf eine Road King Classic mit 1.690 Kubik und elektronischer Bremskraftverteilung.

Herr K. ist durchaus sachkundig, aber auch geheilt, seit er mal von einer der Maschinen lebendig begraben wurde. Der Verkäufer hatte ihn aufsitzen lassen, und das Letzte, woran Herr K. sich erinnert, war das Wegschnappen des Ständers. Dann noch lieber Fahrradfahren, was bei Typen seines Alters aber auch zu einem dubiosen Extremismus geführt hat: Erwachsene Männer stülpen sich quietschige Elastan-Trikots und -Höschen über, die sie bisweilen aussehen lassen wie regenbogen-schillernde Knackwürste. Dann quälen sie sich auf High-End-Rädern im Gegenwert eines gebrauchten Kleinwagens durch übel beleumundete Stadtrandbezirke. Herr K. betrachtet sich im Badezimmerspiegel. Seine Frau klopft an die Tür. »Bin gleich fertig.«

Einmal musste sie ihn drei Straßen weiter aufgabeln mit einem Bänderriss. Herr K. war beim Joggen eingeknickt, was für Männer wie ihn nicht nur modisch ein ähnliches Fiasko bedeuten kann wie Radfahren, nur eben ohne Rad.

Fitnessstudio ist leider nicht besser. Herr K. ahnt, dass diese hippen Locations überhaupt nur deshalb so boomen, weil eine ganze Generation Männer im ... äh ... besten Alter wie er dort Ein-Jahres-Verträge abschließt und nach dem dritten Besuch wieder zu Hause bleibt: Beim ersten fand er sich mit der Bandscheiben-Fibel seines Orthopäden zwischen den Anabolika-Bullen in der Gewichtheber-Abteilung wieder. Hobbit traf Hulk und seine Freunde. Beim zweiten Mal rutschte er keuchend vom Laufband. Beim dritten Besuch geriet er in einen Fatburner-Kurs zwischen 20 junge Frauen, die seine Töchter hätten sein können.

Sport ohne Sport, das wär's. Und auf einmal hat er die Idee, wie er zeitgeistig, dynamisch und selbstreflexiv rüberkommt, ohne auch nur einen Hauch von Arbeit investieren zu müssen. Er reißt die Badezimmertür auf und ruft seiner Frau entgegen: »Hast du 'ne Ahnung, wo man diese Dinger kriegt, die alles messen – von Puls bis Blutzuckerspiegel? So ein Fitness-Armband?« Schlagartig fühlt er sich zehn Jahre jünger.

12.

WIE ENTSCHLEUNIGT MAN RICHTIG?

Montagmorgen, 6.30 Uhr, an einem deutschen Flughafen. Erster Start der Woche in die globalisierte Geschäftswelt. Herr K. wartet wie viele andere gestrafft darauf, die Welt erobern zu können. Manager, Unternehmer, Banker, Juristen, Berater auf dem Weg zu Terminen, Meetings, Konferenzen, Vertragsabschlüssen. Gleich geht's los ... gleich ... also jetzt aber gleich ... Dann geht es immer noch nicht los.

Eine halbe Stunde vergeht. Das Personal bittet um zehn Minuten Geduld. Rollkoffer scharren unruhig. Noch dominiert morgendliche Apathie. Noch. Nach 20 Minuten fragt der erste Urlauber am Schalter, ob er seinen Anschlussflug noch kriegt. Ein Flug-Laie. Haha! Die Umstehenden starren auf ihre Handys, um sich nicht anmerken zu lassen, dass sie kein Wort verpassen wollen. »Auf keinen Fall ... Ja, klar ... allenfalls ... Minuten ... das Cleaning der Maschine anscheinend ...« Die Ersten bekommen diesen hadernden Wieso-passiert-das-immer-mir-Blick. SMS und Mails werden verschickt. Bei der Bahn hätten sie sich längst lautstark nach einem Verantwortlichen erkundigt.

Herr K. setzt sich wieder. Nach einer halben Stunde werden erste Krawatten gelockert. Am Schalter klingelt wieder das Telefon. »Wie, was habt ihr nicht an Bord?« Die Frau am Counter sieht aus, als würde sie regelmäßig Kolonnen sturzbetrunkener Pauschaltouristen von Mallorca nach Moskau begleiten, ohne die Contenance zu verlieren, aber nun klingt auch sie leicht entgeistert.

Offensive Blicke auf Schweizer Uhren, neueste Handys, Deckenverkleidungen. Kopfschütteln. Augenrollen. Herr K. kauft sich einen sehr teuren und sehr schlechten Kaffee. Die Lage ist ernst. So ernst, dass die Airline-Angestellte nach eineinhalb Stunden wieder um Verständnis bittet. Ein Triebwerksproblem. Irgendeine rote Warnlampe zeige im Cockpit überraschenderweise einen Defekt an. Das Diagnose-Team sei aber auf dem Weg.

Nach zwei Stunden machen sich Auflösungserscheinungen bemerkbar. Die ersten Vielflieger haben sich selbst umgebucht und laufen zu anderen Gates. Der Rest der Zwangsgemeinschaft hängt in den Sesseln, storniert Verabredungen. Sakkos zerknittern, Gesichter ebenfalls. Eine Ersatzmaschine werde bereitgestellt. Zeitnah.

Herr K. lächelt. Es ist sinnlos für ihn geworden, weiter zu warten. Selbst wenn er jetzt abhebt, werden seine Termine schon ohne ihn stattgefunden haben, wenn er landet. »Ist das Futur II?«, grübelt er, leer vor sich hin starrend. Er wird noch eine halbe Stunde hier sitzen bleiben, bevor er einfach nach Hause fährt und seine Familie kennenlernt.

Ein Dankeschön an Germanwingslufthansaairberlinundco., die solche Momente der Kontemplation durch geschicktes Flottenmissmanagement oder raffinierte Pannen-Planung immer wieder möglich machen! Montagmittag. Die Welt wird auch an diesem Tag überraschenderweise nicht zusammenbrechen.

13.

ERSTKONTAKT MIT DER GENERATION Y

Herr K. hält nicht viel von diesen ganzen Generationen-Theorien: Generation Golf, Generation X, Generation Praktikum. Das sind Etiketten, denen Soziologen und Trendforscher ihre Existenzberechtigung verdanken, glaubte er bislang. Kann er ja auch mal erfinden, so eine Generation.

Dann wäre er als weißer, männlicher Mittvierziger mit Frau und zwei Kindern mindestens Generation ... äh... also ... na ja, lassen wir das. Umso überraschter jedenfalls ist Herr K., als nun ein seiner Ansicht nach lupenreiner Vertreter der Generation Y (gesprochen: Tschänaräischn Wai wie »why«, weil deren Vertreter ja angeblich alles hinterfragen) zum Bewerbungsgespräch bei ihm aufschlägt. Das heißt, der junge Mann kommt natürlich gleich mal eine Viertelstunde zu spät.

»Sorry, bin zu spät«, sagt der Bewerber. Ach, echt, denkt sich Herr K. Zu seiner Zeit wäre man für so ein Date schon am Abend vorher angereist, damit man gar nicht erst in die Verlegenheit kommt, irgendwas von Stau auf der Autobahn oder U-Bahn-Chaos lügen zu müssen, was man natürlich auch gemacht hätte. Aber die schlichte Wahrheit zu sagen ... so sind die also heute drauf?

Herr K. sitzt steif in der Besprechungsecke seines Büros und starrt sein Gegenüber an. Erstkontakt. Alien vs. Predator. Was will E.T. wirklich? Herr K. blättert in der Bewerbungsmappe mit den heute üblichen Eckpunkten: zweimonatiges Praktikum bei den Schwestern von Mutter Teresa in Kalkutta, Trainee-Programme von Disneyland bis Google Neuseeland, mit 17 schon ein Start-up gegründet im Bereich Online-Shisha-Verkauf. Jetzt ist er 27. Als Herr K. so alt war wie der Bewerber, hieß es noch: Lehrjahre sind keine Herrenjahre. Oder: Krankheit ist Willensschwäche. Er kannte es ja nicht anders.

Der Bewerber heißt mit Vornamen Lasse. So hätte man früher auch nicht geheißen. Als Lasse kann man eigentlich nur Gärtner einer Waldorfschule werden, denkt Herr K. Er lächelt sein Gegenüber an. Lasse fragt jetzt nach Freizeitausgleich, Fortbildungsangeboten, Frauenquote und Betriebs-Kita. Wer bewirbt sich hier eigentlich bei wem?

Herr K. heuchelt gekonnt, wie toll er Lasses gesellschaftliches Engagement findet und seine Fragen zu Nachhaltigkeit, Work-Life-Balance und Firmen-Spirit. Nach dem Gehalt fragt Lasse gar nicht. Herr K. schickt ihn nach einer halben Stunde mit dem guten Gefühl nach Hause, dass junge Nachwuchskräfte wie Lasse sich hier bei ihm echt einbringen können und sollen. Natürlich wird er ihm eine Woche später eine Absage schicken. Oder noch besser: seine Sekretärin eine schicken lassen ... »i. A.«

»Warum nimmst du ihn nicht?«, fragt seine Frau Herrn K. abends. »Weil er untauglich ist und nicht mal nach Geld fragte. Das ist mir verdächtig«, antwortet Herr K. »Nein, weil du ein bisschen neidisch auf ihn bist.« Wie recht sie wieder einmal hat. Aber natürlich würde Herr K. das so nie sagen – als Vertreter der Generation Äh-na-ja-lassen-wir-das.

14.

WAS SCHENKT MAN IHM ZUM GEBURTSTAG?

Herr K. ist auf den Satz nicht vorbereitet. Seine Frau feuert ihn ohne jeden Hintergedanken ab, in so einer Tonlage wie: »Kannst du mal den Müll rausbringen?« In exakt dieser Beiläufigkeit sagt sie nun zu ihm, während sie das Geschirr in die Spülmaschine räumt: »Willst du eigentlich irgendwas zum Geburtstag?« Auf einmal läuft vor Herrn K.s innerem Auge ein Film ab, gegen den sich das biblische Elend von *Ben Hur* bis zum letzten Teil von *Star Wars* anfühlt wie ein Möbelhaus-Bällebad. Männer und Geburtstagsgeschenke ... eines der dunkelsten Kapitel der Menschheitsgeschichte!

Ja, als er noch jung und seine Frau seine Freundin war, bekam Herr K. von ihr liebenswerte Kleinigkeiten. Selbst aufgenommene Musik-Kassetten mit handbemalten Covern. Nichts Teures, wofür man ja auch kein Geld gehabt hätte. Dann entwickelten sich die Kosten der Geschenke umgekehrt proportional zur Kreativität der Schenkenden. Kurz: Es wurde teuer und ideenfrei.

Herr K. bekam so ziemlich alles, was die Luxusgüterindustrie bereithielt: Schals, Socken, Oberhemden, Düfte ... oh Gott, allein die Düfte! Wenn er seiner Frau den Gefallen tat und sich zu Silvester damit einsprühte, rümpfte sie lachend die Nase: »Puh, DAS hab' ICH dir geschenkt?« Aber auch das war, wie so vieles, nur ein Staubkorn im Mahlstrom der Männermoden.

Zurzeit müsste er sich vielleicht eine Uhr wünschen. Alle Männer tragen wieder Uhren, weil so eine Uhr wohl das einzige Schmuckaccessoire ist, das man sich als arrivierter Mann erlauben darf. Gut, vor ein paar Jahren ließen sich alle im Urlaub von ihren Kindern oder exotischen Teilzeit-Schamaninnen bunte Freundschaftsbändchen ans Handgelenk knoten. Aber seine 16-jährige Tochter macht selbst das geschickter und überreicht Herrn K. gern Gutscheinhefte: »gemeinsamer Spaziergang«, »Frühstück ans Bett für Mama und dich«. Er löst das nie ein. Sie weiß das vorher.

Es gibt Firmen, die aus solchen Gutscheinen mittlerweile ein Geschäftsmodell machen: Bei mydays.de oder jochen-schweizer.de gibt es Iglu-Übernachtungen, Bodyflying oder Canyoning. Was sich hinter den Junggesellenabschieds-Paketen ab 49 Euro verbirgt, wollte Herr K. gar nicht so genau wissen, als er neulich auf die Seiten geriet und irgendwann dachte: Mann, ist das alles anstrengend! Unter-Wasser-Dinner für zwei, Fallschirm-Tandemsprung, Quad-Schnuppertour (wer, bitte, will an einem Quad schnuppern?) – wir könnten alles machen, deshalb machen wir am Ende nichts.

Und dabei weiß Herr K., dass er in puncto Geschenken auch nicht kreativer ist als seine Frau: Vergangenes Jahr bekam sie einen Ring, den sie sich vorher selbst gekauft hatte.

Herr K. blickt leer vor sich hin, als sie nachsetzt: »Hallo? Vielleicht ein paar Hemden?« Er hört sich antworten: »Super Idee! Würd' ich mich total drüber freuen. Dann muss ich nicht Quad fahren.« Sie hat es aufgegeben, seine bisweilen rätselhaften Antworten verstehen zu wollen.

15.

EIN VÖLLIG UNBEKANNTER BEKANNTER

Kennen Sie dieses Gefühl, dass man einen Bekannten trifft, den man dummerweise gar nicht kennt? Herr K. kehrt gerade durchaus fröhlich von einer Dienstreise heim und steht kurz im Zentralbereich des Flughafens herum, als ihm ein Mann entgegenkommt, der trotz Aktentasche versucht, die Arme einladend auseinanderzureißen. Herr K. schaut in den Augenwinkeln, ob hinter ihm jemand reagiert, doch der Mann scheint wirklich ihn zu meinen. Noch 20 Meter liegen zwischen ihnen. Herr K. versucht ein unstrukturiertes Lächeln, während er zugleich mit einem Anflug von Panik grübelt, wer das ist.

In der Firma gibt es ähnliche Momente, aber da kommen solche Typen nicht ad hoc freudestrahlend auf einen zu. Man fängt in einem Job an, lernt die Leute kennen, merkt sich Namen, vergisst andere. Und irgendwann ist es zu spät, um noch zu fragen: Wie heißt noch mal der mit dem Haarkranz und den Elefanten auf den Krawatten? Er kann nicht wichtig sein, sonst hätte man ihn ja abgespeichert. Aber es wäre auch ein Beweis eigener Ignoranz, den Namen immer noch nicht zu kennen.

Noch zehn Meter bis zu dem Unbekannten, der Herrn K. nun offensiv anstrahlt. Vielleicht der Neue aus dem Controlling? Ein verschollener Sandkasten-Kumpel? Der Vorstands-Assi von Frau Dr. Schwielow? Noch fünf Meter, als Herr K. sich zur Vorwärts-

Verteidigung entschließt und dem Mann indifferent strahlend die Hand entgegenstreckt.

»Hallooo«, begrüßt der andere Herrn K., der noch nicht einmal weiß, ob er den Unbekannten duzen oder siezen soll. »Super, dass ich Sie hier treffe«, sagt der andere, womit immerhin diese Frage geklärt ist. Herr K. findet das auch total super und hört gar nicht mehr auf, die fremde Hand zu schütteln. Mensch aber auch! Aus den Deckenlautsprechern tropft sehr klebriges Liedgut, als Herr K. versucht, etwas Neutrales zu sagen: »Wahnsinn, wie die Zeit vergeht, nicht?« – »Ja, alles rast. Wir müssen uns ja auch sputen.«

Herr K. ist leicht irritiert: »Äh, wieso sputen? Haben wir's so eilig?« Jetzt ist auch sein Gegenüber verwirrt: »Na, wegen unseres Flugs. Köln. Die Vertriebsleitertagung.« Herr K. sagt, dass er ja gerade erst aus München komme. Zwei Männer in dunkelblauen Anzügen, die allmählich realisieren, dass sie rein gar nichts miteinander zu tun haben. Langsam lassen sie ihre Hände los.

Der andere Mann findet als Erster seine Fassung wieder: »Dann sind Sie gar nicht Stielke aus der Entwicklung?« »Äh nein«, rafft sich Herr K. endlich auf: »Dann noch ... also gute Reise nach ... äh ... Köln.« »Ja, danke«, sagt der andere. »Ihnen auch ... machen Sie's gut und so!«

Sie setzen sich zögernd in Bewegung. Keiner schaut mehr zurück. Für ein paar Sekunden hatten beide einen tollen, neuen Kollegen. Schade eigentlich. Der Anfang war jedenfalls nicht schlecht.

16.

DIE GROSSE MOLESKINE-ILLUSION

An den Wochenenden sitzt Herr K. in seinem Homeoffice und versucht, kreativ zu sein. »Homeoffice« ist vielleicht ein wenig geprahlt; es handelt sich um eine Bücherregal-Nische, vor die ihm seine Frau einen Hocker geschoben hat. Nur fürs Finanzamt ist das hier ein riesiges Loft. Aber kreativ sein will Herr K. wirklich, denn er hat von seiner 16-jährigen Tochter eines dieser Moleskine-Notizbücher geschenkt bekommen, die mittlerweile alle haben ... Berger aus dem Marketing genauso wie Frau Dr. Schwielow aus dem Vorstand.

Alle tragen neben ihrem Smartphone nun gern noch so eine schwarze Kladde mit Gummiband bei sich. Auf Herrn K. machte das Eindruck, weil er mutmaßt, dass wahrhaft große Gedanken und Ideen eben doch archaisch analog mit Tinte auf Papier verewigt werden müssen: authentisch, entschleunigt, ohne USB-Anschluss oder Autocomplete-Funktion.

Wahrscheinlich hat schon Ernest Hemingway erste Fragmente von *Der alte Mann und das Meer* in so ein Heftchen gekritzelt. Oder Einstein seine Relativitätstheorie. Und Steve Jobs konnte die Idee des iPads ja schon deshalb nicht auf einen elektronischen Notizzettel tippen, weil er das Ding gerade erst erfand. Sicher kritzelte er erste Baupläne auch auf Papier.

Dummerweise fällt Herrn K. einfach nichts adäquat Geniales ein. Er sitzt vor seiner Bücherwand und grübelt. Nicht einmal gute Vorsätze fürs neue Jahr fliegen ihn an, geschweige denn die Weltformel für die kalte Fusion. Was um alles in der Welt schreiben andere in die Kladden? Gedichte, die sich nicht reimen? Kochrezepte für selbst geschossenes Reh in Aspik? Einkaufslisten?

Und wer hat Moleskine überhaupt erfunden? Herr K. tippt auf Marcel Proust, mindestens, hätte es aber besser bleiben lassen sollen, die Historie seines Heftchens zu googeln: Die Firma wurde erst in den 90er-Jahren des 20. Jahrhunderts gegründet, lässt die Büchlein billig in China produzieren, ist früh von einem französischen Investmentfonds übernommen und 2012 an die Mailänder Börse gebracht worden, wo es mit der Firma seither konsequent bergab geht.

Der ganze Zauber mit Hemingway & Co. war nur ein Marketing-Gag, gestand eine Produktmanagerin später. Moleskine transpiriert weniger Geschichte als die Pokémon-Karten des Sohnes von Herrn K.

Er starrt jetzt vor sich hin. Ein Wissender, den sein Wissen schmerzt. Schwer vorstellbar, Frau Dr. Schwielow beim nächsten Meeting damit zu konfrontieren, dass auch sie sich von ein paar italienischen PR-Dödeln hat um den Finger wickeln lassen. Manche Illusionen muss man zulassen.

Und auf einmal fließt da wirklich was. Herr K. spürt den Flow. Als er endlich von seinem Heftchen lassen kann, lächelt er erschöpft, aber glücklich. In schwungvoller Schreibschrift hat er nicht nur Namen und Adresse verewigt. Er fühlt sich allmählich in die Zeit seiner Schulhefte zurückkatapultiert, als er sein erstes Werk betrachtet: »Wer das liest, ist doof.«

17.

WENN DIE HOODIES TRAUER TRAGEN

Jugendlichkeit ist keine Frage des Alters, findet Herr K. und macht sich jeden Sonntagmorgen auf zur letzten Gang seines Stadtviertels, oder sagen wir besser: seiner »Hood«. Lena Meyer-Landrut hat den Begriff mal genutzt. Seither glaubt Herr K., dass junge Menschen damit ihre direkte Nachbarschaft meinen. Und auch wenn seine 16-jährige Tochter die Augen rollt, wenn er Frau Meyer-Landrut erwähnt, bleibt sie für ihn doch der Inbegriff juveniler Dynamik. Ähnlich dynamisch wie der Kreis, in den Herr K. sich dann in aller Herrgottsfrühe einreiht: grau melierte Typen in Hoodies und Steppjacken von Duvetica oder Parkas von Canada Goose, kunstvoll eingerissenen Jeans und Turnschuhen von Converse.

Das Durchschnittsalter in der Warteschlange vor der Bäckerei seines Vertrauens liegt zwar bei 51, aber meist finden sich die echten Kerle hier sonntagmorgens sogar in der gleichen Reihenfolge wieder: Anberger etwa, Erbe eines Hidden Champions im Bereich recyclebarer Alu-Konserven, steht meist ganz vorn, wenn Herr K. dazustößt, oder kommt ihm schon mit seiner Brötchentüte entgegen. Dazwischen Vorstände von SDax-Anwärtern, Juristen, Chefärzte, Architekten und Werber, deren Name in dem ihrer Agentur auftaucht. Zur Begrüßung tippen sie manchmal Faust an Faust wie echte Gangsta-Rapper.

Die Männerquote in dieser Warteschlange liegt bei knallharten 95 Prozent. Die einzige Frau ist Dr. Senffts peruanisches »Au-pair-Mädchen«, das seit fünf Jahren nicht nur dessen vier Kinder und seinen dementen Vater betreut, sondern auch noch als Köchin, Einkaufshilfe und Putzfrau fungiert. Sie hat derart viel um die Ohren, dass Dr. Senfft sie nicht noch mit Steuerfragen oder Details deutscher Mindestlöhne belästigen möchte.

Jedenfalls steht sie natürlich jeden Morgen hier an. Die Männer finden dagegen schon ihre eigene Bereitschaft, sich hier einmal wöchentlich für die häusliche Gemeinschaft zu opfern, ähnlich lässig wie ihren Freizeit-Dress. Ihre Frauen würden um diese Uhrzeit nicht mal den Hund rausschicken. Insofern handelt es sich um eine Win-win-Situation für alle Beteiligten.

Und sehen sie outfittechnisch nicht fast aus wie ihr Nachwuchs? Die Baseballkappen verdecken auf elegante Art das lichter werdende Haupthaar. Die randlosen Brillen kann man altbacken nennen, muss man aber nicht. Und die schweren Uhren an den Handgelenken könnten ja Fälschungen sein, die man beim letzten Party-Trip nach Lloret de Mar erstanden hat.

Auf ihren Smartphones tippen sie mittlerweile genauso geschickt herum, auch wenn die Herren keine WhatsApp-Gruppe pflegen, sondern nur Termine. Es sind Alphawölfe, Feldherren, Krieger, Jäger und Sammler, Könige der Welt ... hier inkognito und casual. Warum nur muss Anberger – typisch Erbe und ganz vorn in der Schlange – alles kaputt machen, wenn er jetzt fragt, ob's die Dinkel-Hafer-Taler auch etwas weniger dunkel gebacken gibt. Herr K. denkt nur: »Du Mädchen!«

18.

DIE DUNKLE SEITE DER TAXI-REVOLUTION

Herr K. sitzt im Einzelzimmer eines Mittelklasse-Hotels, in dem die Tagungsräume »Bismarck« und »Brandenburg« heißen, und ist bereit für die Revolution. Er ist zwar nicht unbedingt der Mann für den großen politischen Umsturz. In seinem Alter mit Mitte 40 fühlt man sich schon irgendwie wild, wenn man mal die Grünen wählt oder nachts um zwei in einem ehemaligen Zonenrandgebiet eine rote Ampel ignoriert. Aber mit Deutschlands Taxifahrern hat er es wirklich satt.

Es sind unausgeschlafene Kettenraucher auf den Holzkugelmatten ranziger Kunstleder-Daimler, übelstlaunige Frührentner, die zu spät kommen und nur kreativ werden, wenn es darum geht, einen raffinierten Umweg zu finden. Herr K. überlegt, ob er jetzt irgendein böses Klischee ausgelassen hat.

In der Bundeshauptstadt kann von Glück sagen, wer keine »Berliner Schnauze« erwischt, sondern einen Fahrer mit facettenreichem Migrationshintergrund, der wenigstens Angst um seine Lizenz hat. In München beschimpfen sie andere Verkehrsteilnehmer gern auf Bayerisch, was die Fahrt nicht angenehmer, allenfalls rustikaler macht. In Düsseldorf ... ach, lassen wir das.

Herr K. sitzt im Hotelzimmer und hat die Revolution in der Hand. Auf seinem Smartphone downloaded er die App von Uber. Das ist dieser amerikanische Taxidienst, der jetzt die ganze Nahverkehrs-Welt aufrollen will wie – sagen wir – der IS den Rest der Welt. Laien fahren Laien, was den Profis natürlich nicht gefällt mit ihren festen Tarifen – und Holzkugelmatten.

Herr K. mag Uber, schon weil die deutschen Taxifahrer es derart bedrohlich finden, dass sie seither Protest-Sternfahrten organisieren, die Uber nur bekannter machen. Gleich wird er das erste Mal in seinem Leben aktiv ... mit einem Klick. Weil er Kunde ist – und der Kunde König.

Dann wird endlich Schluss sein mit diesem Quasi-Monopol der schlechten Laune und hohen Preise. Okay, für mittlere Führungskräfte wie Herrn K. ist das Geld nicht unbedingt entscheidend. Aber er ahnt, dass man als Uber-User auch in der Firma dynamischer wirkt. Herr K. entdeckt sein Uber-Ich, sozusagen. Uber ist cool und an den Finanzmärkten gefühlte 2,5 Squillionen wert, obwohl es auch schon oft dumm auffiel: etwa als Uber Kundendaten so raffiniert ausgewertet hatte, dass sich daraus One-Night-Stands der Fahrgäste ablesen ließen.

Da muss Herr K. keine Angst haben. Pfeif auf Datenschutz! Uber wird den Taximarkt zertrampeln wie Apple vorher den Musikmarkt oder Amazon das Buchgeschäft. Kreative Zerstörung. Keine Gefangenen machen. Survival of the fittest. Alles wegfegen. Das Alte. Das Behäbige. Die müden Vertreter des Establishments. Leute wie Herrn K. eben.

Er sitzt auf seinem gepackten Rollkoffer und starrt auf sein Handy. Dann lässt er die Rezeption ein Taxi bestellen. Der Empfang ist ein wenig irritiert – weil der Gast auch noch um »eines mit Holzkugelmatten« bittet.

19.

EIN KOLLEGE VERABSCHIEDET SICH – AD HOC

Timmermann ist tot. Mit 43. Herzinfarkt. Eigentlich ja die letzte persönliche Revolte für einen Mann mittleren Alters in den Ballungszentren hochentwickelter Industrienationen, denkt sich Herr K., als er vom Ende seines Kollegen erfährt. Er denkt gern ein bisschen gestelzt, wenn die Realität ihn kurzzeitig überfordert. Timmermanns Assistentin musste mit einem Nervenzusammenbruch in die Klinik. Er war einfach vor ihr auf die hornhautfarbene Auslegeware gesackt, als er ihr letzte Details für die PowerPoint-Präsentation der Quartalszahlen zurief ... na ja ... wahrscheinlich schrie er eher, denn Timmermann galt als Klassiker des aussterbenden Männermodells Verzweiflungs-Vollmacho.

Seine cholerischen Ausbrüche schafften es bis in die Persiflagen beim Firmenkarneval. Bluthochdruck und Übergewicht waren seine treuesten Wegbegleiter, seit ihn seine Frau vor einem Jahr verlassen hatte, um auf Ibiza ein Nagelstudio zu eröffnen, mit irgendeinem Enrico aus Halberstadt, den sie drei Monate vorher im Internet kennengelernt hatte. Timmermann erzählte Herrn K. die ganze Story ungefragt bei einem Betriebsfest nach dem dritten Wodka Lemon ohne Lemon. Unter Tränen. So war Timmermann.

»Mensch, Timmermann, alte Socke!«, denkt Herr K. »Früher wolltest du mal meinen Job. Und jetzt bist du tot.« Dann denkt er erst mal gar nichts mehr, weil ihm auffällt, dass Timmermann zwei Jahre jünger war als er selbst – und ihm eigentlich sehr ähnlich. Weder charakterlich noch optisch, Gott bewahre! Aber in der Art, wie man so ein urbanes Männerleben zusammenfassen kann.

Wenn man mal ehrlich mit sich ist, genügt in vielen Fällen final wohl ein Absatz: Kindheit, Schule, Abitur, Studium, Heirat, ein Kind, zwei Handys, noch ein Kind, Dienstwagen, Lebensversicherungen, Aufstiegskämpfe, Frequent Traveller, Doppelhaushälfte, Abstiegsängste, Herzgeschichte, Ausstiegsträume, Rentenbescheide, bevor die Schussfahrt beginnt auf dem Kurkonzertsitzkissen ab in die Kiste, Todesanzeige mit dem Zusatz: »Von Blumenpräsenten bittet die Familie Abstand zu nehmen.« Kontonummer eines Kinderhospizes. Ende Gelände.

Und das ist schon die optimistische Variante, wenn man sich Timmermanns Abgang ansieht. Wie lange werden Ikea und Amazon an seine private Mailadresse noch automatisierte Geburtstagsgrüße schicken? Das waren jedenfalls die Einzigen, die er zuletzt bekam, verriet ihm Timmermann bei der Weihnachtsfeier.

Herr K. betrachtet das Kugelstoßpendel auf seinem Schreibtisch. Links macht eine Kugel klack, rechts stößt sich eine andere ab. Klack. Die Zeit rast, klack, und man selbst rast mit. Klackklack. Überholspur und so. Keine Atempause. Für Timmermann ist es zu spät. Aber Herr K. kann noch umkehren.

Dann gibt er sich selbst einen Ruck und ruft rüber zu seiner Sekretärin ins Vorzimmer: »Machen Sie mir bitte für morgen früh irgendeinen unaufschiebbaren Termin, damit ich nicht zu Timmermanns Beerdigung muss!«

20.

LETZTE REFUGIEN ECHTER KERLE

Manchmal hat Herr K. einfach genug von Gender-Kram, Gleichstellungs-Debatten und den Anti-Diskriminierungs-Workshops seiner Firma. Nicht, dass man ihn noch vom Sinn solcher Veranstaltungen überzeugen müsste. Er ist ja keiner dieser Dinosaurier wie Koslowski, für den selbst Frau Dr. Schwielow aus dem Vorstand noch eine »Schnecke« ist. Nein, nein, das hat schon alles seine Richtigkeit mit der Förderung. Aber es gibt doch Momente, wo er mal eine Auszeit braucht. So als Mann.

Früher ist man in solchen Momenten in seine Eckkneipe gegangen, wo immer schon ein Bekannter überm Tresen hing. Das kennt Herr K. aber nur noch von seinem Vater und aus den Simpsons. Stammtische, Eckkneipen, Trinkhallen – all diese gastronomischen Traditionen scheinen doch sehr an Zuspruch verloren zu haben – auch angesichts der sich rapide wandelnden Rollenbilder. Der Nachwuchs ist heute eher in den abgeschrabbten Sesseln von Starbucks zu finden zwischen einem Eimer Lattemacchiatomitsahne und kostenlosem WLAN. Geredet wird da nicht mehr viel, aber okay, da wird auch der deutsche Stammtisch im Nachhinein nostalgisch verklärt. Dort reichte meist: »Und, wie is'?« »Muss ja.«

Jedenfalls schnappte sich Herr K. zum Beginn der aktuellen Rückrunde der Fußballbundesliga nun seinen sechsjährigen Sohn und fuhr mit ihm zu einem Heimspiel des nächstgelegenen Spitzen-Klubs, um mal wieder eine gewisse urbane Härte und Authentizität zu tanken. Schon der Stau vor dem Stadion war sehr authentisch, ähnlich wie der stark angetrunkene achtköpfige Mob, der auf dem gigantischen Parkplatz ausgerechnet neben ihnen aus einem alten Van gepresst wurde und Dixi-Klos gar nicht erst suchte. Das Dumme war vielleicht, dass es ausweislich ihrer bunten Schals auch noch Anhänger der gegnerischen Mannschaft waren.

Herrn K.s gesamtes mediatorisches Geschick war vonnöten, um die Situation dann auch nicht entschärfen zu können. Aber er und sein Sohn konnten schlicht schneller rennen, und beim Spiel selbst war die Stimmung dann weitaus angenehmer ... nun ja, bis zum Führungstreffer der Gäste. Es war der Augenblick, in dem seine neuen Parkplatz-Bekannten drei Tribünenreihen weiter oben Herrn K. wiedererkannten, worauf es noch mal sehr authentisch wurde.

Pommes flogen mit und ohne Mayo durch die Luft. Leuchtraketen explodierten. Weitere Fans mit einem eher überschaubaren Verständnis für Konfliktlösungsmechanismen mischten sich ein. Nach einer kurzen familieninternen Diskussion fanden Herr K. wie sein Sohn, dass man ja schon sehr lebhafte 67 Spielminuten gesehen habe. Vielleicht hätten sie sich die Nummer ihres Parkplatzes merken sollen, aber so waren sie immerhin zwei weitere Stunden an der frischen Luft.

»Kann ich nächsten Samstag wieder mit Ann-Sophie zum Malkurs?«, fragte sein Sohn, als sie endlich zu Hause waren. »Kann ich mit?«, wollte Herr K. fast fragen, ließ es dann aber doch.

21.

WIE MAN SEINE SKILLS RICHTIG LEVERAGT

»Wir brauchen zunächst viel mehr Learnings«, fängt das Gegenüber von Herrn K. an, der beschließt, erst einmal zuzuhören, ab und an »hm, hm« zu sagen und zu warten, was noch so kommt. Es kommt eine ganze Menge, denn der grau melierte Gesprächspartner von Herrn K. redet sich langsam in Fahrt: »Es ist doch ganz klar, worum es bei diesem Kick-off-Meeting hier geht: Traffic generieren! Und ohne flankierende Social Media dürfte es unmöglich sein, unseren Challenger-Spirit just in time zu implementieren. Aber nur so können wir – believe it or not – eine Win-win-Situation hinkriegen. Viele wissen ja noch nicht mal, was ich meine, wenn ich sage: Wir brauchen hier einen klaren Fokus auf den Transformation-Booster.«

Herr K. starrt vor sich auf den schweren Holztisch. Ein trüber Wintertag mit knappen Minusgraden. Er nimmt sich eine Brezel aus der Keksmischung und nickt, während es hinter seiner Stirn rattert: Transformation-Booster? Alles klar, der hat sie echt nicht alle. Aber das kann ich auch. Dann sagt er: »Am Ende geht es immer darum, in Cases zu argumentieren: Wo liegen die Benefits? Wo die Touchpoints? Und wo sind für die Customers die tollsten Needs.«

»Exactly«, schreit Herrn K.s Gesprächspartner auf. »Denn hier geht's nicht um Business-to-Business-Modelle, sondern den Consumer an sich. Cross-Promotion brauchen wir da nicht wirklich, obwohl wir natürlich ein riesiges Awareness-Issue haben. Kurz: Noch kennt uns kein Schwein. Hier müssten Ambassadors positioniert werden, die den Key-Account-Part übernehmen, damit wir uns mit unserem neuen Asset committen können. Bislang waren die Results eher suboptimal.«

Herr K. nimmt sich ein Vanillekipferl und kontert: »Schon klar, aber eine Art Stearing-Committee wäre cool, um das Personal-Branding zu challengen.« Darauf hat der andere gewartet: »Was müssen wir sein? Let's face it!« Er schaut Herrn K. jetzt direkt in die Augen: »Content-Enabler. Das ist das Key-Word. Und das ist«, er schlägt jetzt mit den Fingerknöcheln auf den Holztisch, »der Change-Prozess mit Prio 1.«

»Vielleicht sollten wir erst mal unsere Attitude definieren«, wirft Herr K. ein, aber darauf ist sein Gegenüber vorbereitet, bei dem vor Aufregung jetzt die gegelten Locken im Nacken zittern: »Wir müssen unsere Skills leveragen, um die Street-Credibility zu erhöhen. Der Look-and-Feel-Faktor allein wird's nicht reißen.«

Auf einmal kommt Herrn K.s Frau in den Garten. Der Werber-Freund ihres Mannes war ihr immer schon ein bisschen suspekt. Aber jetzt ist sie doch überrascht, wie wenig sich hier getan hat. Da sitzen die beiden auf den Bierbänken im kalten Garten, stopfen Kekse in sich rein und reden schlau daher: »Sorry, wenn ich mal frage, aber ihr sollt hier weder den Euro noch Volkswagen retten, sondern nur die blöde alte Rutsche deines Sohnes ab- und die neue aufbauen. Ist das zu viel verlangt?« Life is a bitch and then you die. That's for sure.

22.

WIE ERKLÄRT MAN DIE EURO-KRISE?

»Kannst du mir mal diese Euro-Krise erklären und die Rolle der Banken?«, fragt die 16-jährige Tochter von Herrn K. beim Abendessen. Sie fixiert ihn über die Pfanne mit den provenzalischen Hackbällchen hinweg. »Jetzt nicht so en détail, mehr so im Groben.« Herr K. schaut seine Tochter an. Seine Frau schaut ihn an. Auch sie wirkt interessiert.

Euro-Krise erklären ... das ist ja mal was Neues. Scheint eine Marktlücke zu sein. »Was willst du genau wissen?«, fragt er seine Tochter. »Na ja, wie das alles so kam mit Schuldenkrise und so und wieso dieser alte Italiener« – sie meint wohl EZB-Chef Mario Draghi – »jetzt irgendwelche Geldschleusen öffnet und wo ich mich da anstellen muss, damit ich auch was abkriege. Ich meine ... hallo ... wie geht DAS denn: Geld billig machen?« Herr K. vergisst zu lachen. Er ist damit beschäftigt, Ordnung in seine Gedanken zu bringen.

»Also begonnen hat es in den USA, als das Geld dank niedriger Zinsen so billig wurde, dass selbst die ärmsten Leute sich plötzlich ein Haus leisten konnten.« Herr K. nimmt Fahrt auf. Wie die Banken damit ein Geschäft machten. Wie sie diese Kredite wiederum in Pakete verpackten und weiterverkauften. Wie dann die Schuldner irgendwann nicht mehr zahlen konnten und erste Institute in den USA und dann auch in Europa zusammenbrachen. Wie aus der Immobilien- erst eine Banken- und dann eine

Staatsschuldenkrise werden konnte. Er erklärt, weshalb die Südländer nun sparen sollen und warum zum Beispiel die Griechen das gar nicht gut finden.

Die Sendung mit der Maus könnte seine für jedermann verständlichen Erklärungen sofort senden, findet Herr K. Er ist ein bisschen stolz auf sich, als seine Tochter nachfragt: »Aber sind die Banker dann nicht ziemlich miese Finger? Erst zocken sie, dann lassen sie sich von uns Steuerzahlern retten. Und am Ende geben sie nicht mal dann Kredite, wenn ihnen die Kohle zu den Ohren rauskommt.«

Er ist jetzt auch ein bisschen stolz auf seine Tochter: »Wenn du so willst ...« – »Thanks«, sagt seine Tochter, steht auf und verschwindet in ihr Zimmer: »Ciao.«

Herr K. schaut seine Frau an und bemerkt, dass gerade irgendetwas sehr schiefging. »Na toll«, sagt sie. »Das hast du ja super hingekriegt.«

Herr K. schaut ratlos, deshalb muss sie es ihm erklären: »Wenn du dir jetzt aus-nahms-weise mal Mühe gegeben hättest, fände sie so eine Bankkarriere noch toll angesichts der Gagen. Sie würde nach dem Abitur irgendwas mit Economy studieren, bei Goldman Sachs Karriere machen und unseren Lebensabend mit ihren künftigen Boni verschönern. Klar so weit?« Klar so weit. »Jetzt aber findet sie Banker endgültig doof, wird Kunstgeschichte oder Sozialpsychologie wählen, nebenher kellnern und sich in verkrachte Hiphopper verknallen, die gern die Wall Street occupyen. Das war's dann mit unserer Rente.«

Herr K. ist jetzt 45 Jahre alt. Es gibt Momente, da fühlt er sich sehr viel älter.

23.

WENN +++ ALLES +++ NUR +++ NOCH +++ NEWSTICKERT

Je weniger in der Welt passiert, umso eher kann man mittlerweile damit rechnen, dass auf den Onlineseiten der großen Nachrichtenportale sofort ein Newsticker losrattert in totaler Echtzeit. Tarifverhandlungen, Friedensgespräche, Euro-Rettung, Champions League ... ganz egal. Wenn im ostchinesischen Hanzhong eine Tüte Reiskräcker vom Tisch der verarmten Landbevölkerung fällt – Newsticker.

Insofern ist das Leben von Herrn K. geradezu prädestiniert für ein kaum noch endendes Nachrichtentelegramm. Die Dramaturgie wäre geradezu nervenzerfetzend: 7.05 Uhr Düdedüdelüüt. Herr K. wird von der ödesten Melodie geweckt, die sein Smartphone hergibt +++ 7.10 Uhr Blick in den Badezimmerspiegel und typisches Erschrecken der Sorte: »Wer sind Sie denn? Verlassen Sie auf der Stelle mein Bad!« +++ 7.16 Uhr Mit dem elektrischen Rasierapparat ins Kinn geschnitten, dasmussmannerstmalhinkriegen! +++ 7.34 Uhr Frühstück mit den Kindern. Unglaublich, wie mies aufgelegt deutsche Heranwachsende sein können! +++ 7.45 Uhr Wahnsinn ... schon wieder Stau auf dem Weg zur Arbeit! Was machen diese Idioten denn um diese Zeit alle schon auf der Straße?

8.17 Uhr Herr K. wartet auf seine Sekretärin +++ 8.25 Uhr Herr K. wartet immer noch auf seine Sekretärin +++ 8.27 Uhr

Herr! K! Wartet! Jetzt! Echt! Auf! Seine! Sekretärin! +++ NEWSFLASH: Seine Sekretärin schickt eine SMS: Sorry, mein Kind hat Grippe. Muss zum Arzt +++ 8.29 Uhr Herr K. schickt eine Verständnis heuchelnde SMS zurück, sie solle sich um Gottes Willen Zeit lassen und dass die Gesundheit vorgeht, und alles Gute dem Kleinen +++ AKTUELL: Heimlich ertappt er sich bei der Frage, wieso er sich jetzt den Kaffee selbst kochen muss, nur weil irgendwo ein Kind Schnupfen hat. +++ 11.54 Uhr Herr K. schaut auf die Uhr. Es ist 11.50 Uhr +++ 12.32 Uhr Er stellt fest, dass seine Wanduhr nachgeht und es schon 12.36 Uhr ist. +++ 12.36 Uhr Herr K. kommt zu spät zum Mittagessen in der Kantine mit Koslowski +++ NEWSFLASH: Der Linseneintopf mit Knackwurst ist schon alle! +++ 14.35 Uhr Herr K. betritt das Kick-off-Meeting zum Ausbau des Filialnetzes in den neuen Bundesländern unter besonderer Berücksic... ja, ja, wir haben ja hier auch nicht ewig Zeit. +++ 15.47 Uhr Herr K. öffnet die Tür und verlässt als Erster die Konferenz. Wenn er jetzt Unterhändler russischer Separatisten oder wenigstens deutscher Gewerkschaftsführer wäre, würde er in die Kameras sagen: »Das Treffen war ein konstruktiver erster Schritt. Wir sind ergebnisoffen auseinandergegangen.« +++ 16.02 Uhr Neue SMS seiner Sekretärin, deren Kind morgen auch noch krank sein wird +++ 17.34 Uhr Schon wieder Stau auf dem Weg nach Hause! Was machen diese Idioten denn um diese Zeit noch auf der Straße?

Gegen 18 Uhr kommt er zu Hause an. Seine Frau fragt, wie der Tag war. Herr K. antwortet, dass das ja alles ein Wahnsinn sei und man völlig den Überblick verliere angesichts des grassierenden Stakkato-Tempos. Er atmet erst mal durch.

24.

WENN DIE MILES KEIN MORE MEHR BIETEN

Es gibt schlimme Momente im Leben einer mittleren Führungskraft wie Herrn K.: Wenn man wegen mieser Quartalszahlen vom eigenen Team hingerichtet wird zum Beispiel. Oder wenn ein intellektueller Nacktmulch wie Koslowski plötzlich eine Fensterachse mehr Büro bekommt. Die Apokalypse allerdings kündigt sich an, wenn die Lufthansa eine neue Miles-&-More-Karte schickt, denn Herr K. war bis dahin Frequent Traveller. Mehr Degradierung geht eigentlich nicht, auch wenn die Fluggesellschaft die Niederlage diskret verpackt und ihn beglückwünscht zu der neuen ultramarinblauen Karte. Vorher war sie nun mal Silber.

Nehmt einem deutschen Manager seine Laptoptasche weg, seine Schweizer Uhr oder seinen Hartschalen-Rollkoffer mit Teleskop-Stange, ganz egal – aber beraubt ihn niemals seines einmal erflogenen Meilen-Status! Herr K. sitzt vornüber gebeugt an seinem Schreibtisch und starrt auf den Brief, den seine Sekretärin schon geöffnet hat.

Er sah es natürlich kommen. Die Zahl seiner Geschäftsflüge ließ zuletzt stark nach. Und die Lufthansa warnte höflich. Immer wieder kam Post, die ihn darauf aufmerksam machte, wie viele Meilen ihm noch fehlten, um auch weiterhin in den Genuss hoffnungslos überfüllter Businesslounges, staubtrockener Brötchen und endloser Schlangen vor dem angeblichen Schnell-Check-in zu kommen. Haha, so war's doch, oder nicht?

Das ist doch alles ein legales Drogenprogramm, diese Meilen-Sammelei, grübelt Herr K. sich in Rage. Und wofür? Klebrige Haribos in der Lounge und die milchglasscheiben-verwehrte Aussicht auf das Senator-Refugium, wo das wahre Vielflieger-Paradies wartet. Und dann noch dieses unwürdige Klassensystem beim Check-in! Ist es nicht furchtbar, wie die armen Economy-Reisenden da immer warten müssen? Nun ja, wenn Herr K. darüber nachdenkt, fand er es sogar wohltuend, sich auch mal irgendwie ein bisschen wichtig fühlen zu dürfen.

Es ging dann schon allmählich bergab, als er innerdeutsch immer öfter mit der Lufthansa-Tochter Germanwings fliegen musste, weil deren Billigtarif »Basic« den Aufenthalt in der Lounge nicht mehr beinhaltet. Bis er das kapiert hatte, stand er dreimal am Eingang herum, legte sein Ticket auf den Scanner, der rot anlief, »mööp« machte und den Blick der Rezeptionsdame verfinsterte. Wie würdelos soll das erst werden, wenn er demnächst Berger aus dem Marketing am Flughafen begegnet, der alle paar Wochen irgendwelche Meetings in Übersee hat? Was soll Herr K. antworten, wenn der sagt: »Lassen Sie uns noch schnell in die Lounge gehen!« Er ist jetzt ein Ausgestoßener. Er gehört nicht mehr dazu.

Herrn K.s Sekretärin kommt rein. Sie sieht die blaue Miles-&-More-Karte, lässt sich aber nichts anmerken. Draußen überlegt sie kurz, ob sie den Chef wechseln soll. Bei Berger soll was frei werden. Der steht angeblich schon kurz vorm Senator-Status. Sie macht sich Sorgen. Auch um Herrn K.

25.

AUF DER JAGD NACH DEM NÄCHSTEN ZUCKERBERG

Es ist ein paar Wochen her, dass Herr K. einen jungen Mann im Büro empfing, der eine Viertelstunde zu spät zum Bewerbungsgespräch kam, sofort nach Sabbatical-Möglichkeiten fragte und mit Vornamen Lasse hieß. »Sie können Lasse zu mir sagen«, sagte Lasse gleich, worauf Herr K. dachte: »Und du kannst Herr K. zu mir sagen, Vollhorst!« Er versucht wirklich, vorurteilsfrei durchs Leben zu gehen. Aber wer Lasse heißt (oder auch Bjarne oder Ronja), hat altlinke Eltern, kann seinen Namen tanzen und hält Sozialpsychologie für ein richtiges Studienfach. Natürlich hat er diesen Lasse nicht eingestellt. Und natürlich hat Lasse am 1. März dann doch angefangen in seiner Abteilung, was gar nicht so schwer zu verstehen ist.

Als Herr K. jung war (also in Lasses Alter: 27) hieß Business-Literatur zum Beispiel *Machiavelli für Manager*. Sehr beliebt war in BWL-Kreisen auch *Die Kunst des Krieges* des chinesischen Strategen Sunzi, weil auch Wirtschaft als steter Kampf um Leben und Tod galt. Das hat sich zwar nicht unbedingt geändert, wird aber heute von Ratgebern zu »Burnout« oder »Emotionaler Intelligenz« flankiert. Jedenfalls kann sich Herr K. erinnern, dass er damals irgendwo den Management-Tipp inhalierte: »Wen du nicht schlagen kannst, musst du zu deinem Freund machen.« Er will Lasses Vertrauter werden – schon aus purem Eigennutz.

Zum einen möchte er endlich diese komische Generation Y verstehen, zu der Lasse zweifellos gehört. Zum anderen will Herr K. nicht verpassen, den deutschen Mark Zuckerberg zu entdecken. Man weiß doch, wie das läuft heute: Die Lasses dieser Welt entwickeln an einem Wochenende eine App, die innerhalb weniger Monate eine komplette Branche revolutioniert und an der Börse bald mehr wert ist als Siemens, Telekom und Daimler zusammen. Die Lasses werden ganz lässig zu Milliardären und wissen im Zweifel gar nicht, dass Menschen wie Herr K. ihretwegen plötzlich Probleme bekommen, ihren Lebensstandard oder gar Job zu halten. Herr K. möchte Teil sein des nächsten großen Internet-Dings. Er will, dass selbst Frau Dr. Schwielow aus dem Vorstand anerkennend zu ihm sagt: »Mensch, da hatten Sie echt den richtigen Riecher.«

Und Lasse ist voller Tatendrang, den Herr K. nicht bremsen will. Er habe »da einige Projekte am Start«, sagte er gleich zu Beginn. Vielleicht hätte Herr K. gewarnt sein müssen, dass sein neuer Mitarbeiter kein Risikokapital brauchte, sondern sich »alles im Baumarkt besorgen« wollte. Aber dann ist er doch überrascht, als Lasse ihm seine ersten beiden Projekte vorstellt:

Er hat einen Regenbogen in die Abteilungs-Cafeteria gemalt und will ein syrisches Flüchtlingscamp PR-technisch beraten. Einen Arbeitstag pro Woche. Pro bono. Da ahnt Herr K., dass das mit dem nächsten Zuckerberg doch länger dauern würde. Aber auch das war leider schon Sunzi vor 2500 Jahren klar: »Man kann wissen, wie man siegt, ohne fähig zu sein, es zu tun.«

26.

WIE WIRD MAN ZUM GRILLMASTER? (TEIL 1)

Im Leben von Herrn K. steht »Frühling« für dreierlei: 1. Große Gefühle (hat er in seinem Alter einigermaßen hinter sich); 2. Steuererklärung (hat er vor sich); 3. »Papa, du musst angrillen. Das macht der Papa von Ann-Sophie auch.« Es klang wie etwas Religiös-Rituelles, als solle er im Abendrot im Garten einen Scheiterhaufen entzünden, um im Feuerschein wild gestikulierend böse Geister zu vertreiben. Heute reicht dafür offenbar ein Gartengrill.

Die Gesellschaften hochentwickelter Industrienationen scheinen sich ohnehin allmählich in zwei Glaubensrichtungen zu spalten: Einerseits laktoseintolerante Veganer, die schon beim Anblick eines Milchspeiseeises hyperventilieren. Und andererseits robuste Fleischfresser, die am liebsten gleich ein halbes Galloway-Rind in einem noch ausblutenden Zustand auf ihren Weber-Grill schmeißen, denn der ist unter Grillfreunden und Hobby-Metzgern natürlich das Nonplusultra. Von Männern in Herrn K.s Alter wird erwartet, dass sie sich diesem Trend bedingungslos ergeben, womit er durchaus Anlaufschwierigkeiten hat. Lange Zeit genügte ihm ein kleiner Elektrogrill aus dem Baumarkt, auf dem man die Bratwürstchen seiner Kinder schon irgendwie braun kriegte, wenn man sie nur lange genug anstarrte. Aber irgendwann reichte das einfach nicht mehr.

In seinem Fall war der Rubikon überschritten, als sein Kollege Koslowski neulich vorbeischaute und mitleidig meinte: »Was soll das denn sein? Ein Handwärmer?« Seine Frau setzte ihr Ich-hab's-dir-gleich-gesagt-Gesicht auf. Am vergangenen Wochenende fuhr Herr K. deshalb mit der Familie und dem festen Vorsatz seiner Frau los, auch so einen Monster-Grill zu kaufen.

»Holz oder Gas?«, wollte der Fachverkäufer wissen, womit die Probleme schon begannen. »Vielleicht ein Hybrid?«, witzelte Herr K., was weder seine Frau noch die Kinder oder gar der Verkäufer lustig fanden. Schnell wurde gefachsimpelt, welche Vorteile der Master-Touch gegenüber dem Performer Deluxe Gourmet hat und ob der Q-3000 mit dem zweigeteilten porzellan-emaillierten Guss-Grillrost nicht doch ausreichend ist.

Andererseits hat schon der Spirit E-310 Classic vier Lenkrollen, von denen zwei eine Stoppfunktion aufweisen. Herr K. wagte nicht zu fragen, wie die Kurventauglichkeit des Modells auf handelsüblichen Landstraßen ausfällt, denn da stand er schon vor einem doppelwandigen Edelstahl-Giganten mit integriertem Thermometer, der nicht umsonst Genesis S-330 heißt.

Frau K. funkelte ihren Mann an. Sie sah in ihm jetzt offenbar den archaischen Jäger und Sammler, der künftig mit dem Wildschwein auf der Schulter abends nach Hause kommt. Der Verkäufer wusste längst, dass er ihnen alles andrehen konnte. Und so fuhr die Familie mit Genesis nach Hause, wo die eigentliche Überraschung von Herrn K.s Zweitkarriere als Grillmaster indes erst wartete.

27.

WIE WIRD MAN ZUM GRILLMASTER? (TEIL 2)

Die Herren sitzen im Halbkreis und stellen sich vor: »Ja, hallo, ich bin der Heinz-Rüdiger und eher der Fischtyp, suche aber auch Tipps zu Duroc und Angusrind«, sagt Heinz-Rüdiger, der werktags CEO eines von ihm selbst gegründeten Weltmarktführers im Bereich Messebau ist. Schon ist die Reihe an Herrn K., der sich wie in einer Therapiegruppe der anonymen Fleischfetischisten fühlt, aber nun Teil eines fünfstündigen »Grilling Campus« ist: »Meine Frau hat mir das hier geschenkt, weil wir uns gerade erst einen Genesis S-330 gekauft haben und ich mit 'nem Gasgrill noch keinerlei Erfahrung habe und immer Angst hätte, damit einen meteoritengroßen Trichter in die Nachbarschaft zu sprengen.«

Niemand lacht. Ist ja auch keiner der 14 Teilnehmer zum Spaß hier, und natürlich sind es nur Männer. Es gibt offenbar auch reine Frauen-Brutzel-Events. Aber Herr K. kennt keine einzige, die sich wie Heinz-Rüdiger freiwillig in einer mitgebrachten Plastikschürze (Aufschrift: »Hier grillt der Boss«) am Wochenende mit dem fachgerechten Ausnehmen und Würzen einer Meeräsche befassen wollte. Er selbst ist ja auch nur hier, weil ihm seine Frau diesen »exklusiven Grillkurs in entspannter Runde« (99 Euro pro Person) mit sanftem Druck schmackhaft gemacht hat.

Nun also steht ein echter »Grill-Europameister« vor ihnen und weiht sie in die Geheimnisse von Bratfett und Garzeiten ein.

Wie um alles in der Welt wird man »Grill-Europameister«? Muss man dazu innerhalb einer Stunde ein freilaufendes Damwild reißen, tranchieren und in 500 Seniorenteller verwandeln? Herr K. hat das vorher gegoogelt und festgestellt, dass man bei den Deutschen Meisterschaften auch in Disziplinen wie »Hohe Rippe mit Beilage« antreten kann. Bei Herrn K. würde es allenfalls für »Dicke Lippe ohne Salat« reichen. Aber er kann sich nicht einmal über den ganzen Quatsch lustig machen in dieser Herrenrunde.

Früher hieß ein Fachorgan für Männer noch *Playboy* und beeindruckte mit ... also ... die Interviews sollen toll gewesen sein. Heute heißt das Magazin für angewandte Fleischeslust *Beef*. Es protzt ebenfalls mit einem ausklappbaren Poster, aber darauf sind heute großflächig tätowierte Mitglieder des Regensburger Kochklubs »Gourmet Terror« zu sehen, die da Vincis Abendmahl nachstellen. Darunter steht: »Nehmt hin, das sind meine Steaks, die ich für euch gegeben habe.« Das steht da wirklich.

»Liest hier irgendjemand *Beef*?«, fragt Herr K., als die Teilnehmer seines Grillkurses am Ende ihr selbst präpariertes Beer Butt Chicken verspeisen (fragen Sie jetzt bitte nicht nach Details). 13 Hände schießen in die Höhe. Heinz-Rüdiger fragt mit glasigen Augen: »Hast du die Schweineschwanz-Pralinen schon probiert?« In diesem Augenblick beschließt Herr K., sich sehr zu betrinken.

Als seine Frau ihn abholt, liegt er halb nackt am Lagerfeuer und lallt was von »Rindvieh in Rotwein«. Aber es sollte noch schlimmer kommen.

28.

WIE WIRD MAN ZUM GRILLMASTER? (FINALE)

Die Frau von Herrn K. will es jetzt wissen. Schließlich hat sie ihn einen Gasgrill kaufen lassen zu einem Preis, für den man in schlecht beleuchteten Industriegebieten »1A Premium«-Gebrauchtwagen bekommt. Sie hat ihm *Beef* gekauft, diesen Buletten-Porno für den urbanen Akademiker. Sie hat ihm die Teilnahme an einem »Grilling Campus« geschenkt. Und der einzige Erfolg war, dass er sich dort sturzbetrunken sein schütteres Haupthaar mit Gemüse dekorierte, als sie ihn abholte. Dazu nuschelte er, mit einem Fleischspieß zwischen den Zähnen: »Ch chab ne Chwiebel auffem Kopp, ch bin n Döner!« Er ist jetzt Mitte 40, und natürlich war die Aktion ihm selbst peinlich, aber zugleich seine einzige Rettung vor seinen neuen »Grill-Freunden«.

Nun muss etwas passieren, und Frau K. weiß auch was: Barbecue bei den Schmidts. Irene ist Art-Consultant einer Privatbank, Claus Partner einer großen Rechtsanwaltskanzlei. Als sie abends in deren fackelbeschienenem Garten ankommen, plaudern alle schon, nur Claus steht hinter seinem Riesenmonstergrill, den er den ganzen Abend auch nicht mehr verlassen wird. »Huhuuu«, winkt er sie heran und hört in den nächsten Stunden nicht mehr auf mit Huhuuuhen.

Erst als gegen Mitternacht die ersten Gäste gehen, zieht er sich sein Schürzchen aus und erfreut die anderen mit Schnurren aus seinem neuen Leben als Filetier-Fetischist: dass er sich jetzt ein Asado-Kreuz kaufen wolle, auf dem er künftig komplette Lämmer grillen könne. Dass Irene sich neulich an Zitronen-Thymian-Bratwürsten im Schafsaitling versucht habe ... »und gaaar nicht mal so gut ... haha!«, lacht Claus.

Als sie abends nach Hause fahren, ist es nicht Herr K., sondern seine Frau, die anfängt zu reden: »Sag nix!«, sagt sie und starrt durch die Windschutzscheibe. »Natürlich hab' ich gemerkt, wie sich Claus zum Dödel macht mit seinem albernen Edelstahl-Klotz!« – »Hmmm«, sagt Herr K., der ahnt, dass das hier ohne sein Zutun in die richtige Richtung laufen wird. »Zehn Minuten hat er mir fast das Ohr abgefressen, um mir allein die Segnungen seines Digital-Taschenthermometers zu erklären ... geht's eigentlich noch? Dabei wollte ich nur eine stinknormale Bratwurst.«

Sie redet sich jetzt in Rage. »Und als ich nach dem Ketchup fragte, sagte er: ›Probier doch lieber mal meinen selbst gemachten Red-Creole-Dip ... Gnägnägnä!‹« Herr K. lächelt still vor sich hin. Als sie zum Schluss schimpft: »Ihr spinnt doch alle mit eurer Grillerei. Da seid ihr ja die größeren Mädchen als wir im Outletcenter«, will er kurz protestieren, denn seine Idee war das ja nun wahrlich nicht. Dann lässt er es lieber.

Am nächsten Morgen ruft er Koslowski an, um ihm sein nagelneues Gasmonstrum zu verkaufen. Abends sitzt Herr K. mit seiner Familie um den kleinen, alten Elektrogrill herum und freut sich an den bleichen Wurstzipfeln. Es schmeckt nicht besonders, fühlt sich aber wahnsinnig echt an.

29.

KENNST DU … KREISVERKEHRSWACHT VECHTA?

Das Verhältnis zwischen Herrn K. und sozialen Netzwerken ist überschaubar. Das wäre nicht weiter der Rede wert, wenn er nicht immer noch von seiner Geschäftsleitung angehalten würde, seinen »Social-Media-Koeffizienten« zu steigern. Gut, man sollte das nicht wie K.s Kollege Koslowski angehen, der es bei Twitter mit einem einzigen frauenfeindlichen Satz zu veritablem Shitstorm, Abmahnung und der Einladung zu einem Gender-Awareness-Wochenende in der Südeifel brachte. Aber eher durch Zufall hat es Herr K. nun immerhin geschafft, das Geschäftsgeheimnis von Facebook zu enthüllen, das ihn bislang mit zwei Sorten regelmäßiger Post belästigt.

Die eine Sorte beginnt mit: »Du hast mehr Freunde auf Facebook, als du denkst.« Am Anfang glaubte er noch, da warte also schon seit Tagen Lady Gaga oder wenigstens Frau Doktor Schwielow aus dem Vorstand auf Nachrichten von ihm. Aber jedes Mal, wenn er die Plattform besuchte, hatte sich gar nichts verändert, und Herr K. wurde das Gefühl nicht los, dass er nur deshalb zu Facebook gelockt worden war, damit er eben bei Facebook ist.

Die andere Art von automatisierter Post fragt ihn zum Beispiel: »Kennst du Rainer Drexel, Kreisverkehrswacht Vechta, und sieben andere Personen?« Zu den »sieben anderen Personen« gehören eine gewisse Beate Landefeld (die offenkundig bei den

Marxistischen Blättern arbeitet, die er weder abonniert hat noch kennt) und Florian Streier, der als »Singer-Songwriter bei Familie Staub« charakterisiert wird, von der Herr K. ebenfalls noch nie gehört hat.

Er fragt sich, wie Facebook alias Datenkrake mit all seinen raffinierten Algorithmen sich in seinem Fall so irren kann.

Es hat beinahe etwas Tröstliches, dass dieser Multi-Milliarden-Konzern so wenig von ihm weiß, denkt er, als ihm auf einmal dämmert: Wenn er jetzt die Kreisverkehrswacht Vechta als »FreundIn hinzufügen« würde, dann bekäme irgendein unbescholtener Verkehrswachtler in Vechta eine Mail, in der es hieße: »Herr K. möchte mit dir auf Facebook befreundet sein« – was natürlich nicht stimmt, aber so läuft das Spiel: Man erzählt A von dem netten B. Dann geht man zu B und raunt, dass A sich nicht traut, den ersten Schritt zu machen ... So vernetzt man in wenigen Jahren die gesamte Menschheit. Und dabei begann alles mit einer Lüge.

Herr K. sitzt vor dem Computer im Büro und sieht auf einmal klar: Facebook verkuppelt die Welt ja nicht aus Nächstenliebe. Nur wer kommuniziert, produziert Daten. Und nur wer Daten produziert, ist in der Facebook-Welt ein gutes Produkt, das sich als Zielscheibe der werbetreibenden Industrie verkaufen lässt.

»Ich hab euch«, denkt Herr K. Er sieht sich schon als »Enthüllungsautor« durch internationale Talkshows tingeln, als er erneut Post bekommt. In der »Möchte mit dir auf Facebook befreundet sein«-Liste steht ... seine Tochter. Plötzlich bricht seine ganze Theorie in sich zusammen. Die Zuneigung seiner Tochter kann ja nicht gelogen sein, oder? Oder?

30.

DIE DREI TYPEN VON ELTERNZEIT-VÄTERN

Elternzeit! Alle reden über Elternzeit ... also aus Sicht der Väter! Herr K. unterscheidet mittlerweile drei Gattungen von Elternzeit-Männern, wobei nur die erste Fraktion den Schritt seiner Ansicht nach aus purer Überzeugung macht. Das sind jene, die dann irgendwann in der Firma auftauchen, um stolz ihren Nachwuchs zu präsentieren wie jüngst Herrn K.s Kollege Spreekamp. Er trug keinen seiner früher üblichen Einreiher mehr, sondern ein kartoffelsackartiges Sweatshirt mit Breiresten auf den Schulterpartien und eines dieser geschickt verknoteten, mauvefarbenen Baby-Haltetücher überm Bauch, in dem sein acht Monate alter Sohn krähte.

»Das ist unser Jasper«, lächelte Spreekamp beseelt. Gut, Herr K. erinnert sich dunkel, wie man sich beim ersten Kind fühlt. Aber dermaßen verstrahlt war er nie, auch wenn er dem Kollegen seinen väterlichen Stolz wirklich weit mehr gönnt als Koslowski, der nach der firmeninternen Jasper-Präsentation meinte: »Spreekamp war immer schon der typische Beckenrandschwimmer. Bin gespannt, ob das Weichei noch mal zurückkommt oder gleich auf Waldorf-Tagesmutter umschult.«

Die zweite Variante von Elternzeit-Männern tut es, um sich irgendwie gut zu fühlen und die neu gewonnene Freizeit ansonsten für einen Zweitjob zu nutzen. Journalisten zum Beispiel gehen gern in Elternzeit, um endlich das Buch zu schreiben, für das sie früher nie Zeit hatten. Daraus wurde mittlerweile ein neues Genre von Väter-schreiben-Vätern-lustige-Erziehungsratgeber-Büchern. Herr K. weiß wirklich nicht, wieso die sich selbst für so witzig halten – zumal sie die Kinder, die sie beschreiben, ja wieder kaum sehen. Schließlich sitzen sie tagein, tagaus an dem Manuskript und lassen sich all die lustigen Huch-da-kam-das-Bäuerchen-Anekdoten wahrscheinlich eher von ihren entnervten Frauen erzählen. Diese Kategorie Mann zweckentfremdet die Elternzeit auch gern für Hausbauten oder Weltreisen durch preisgünstige Schwellenländer.

Die dritte Väter-Variante geht aus purem Opportunismus in die Elternzeit ... um ein bisschen Ruhe zu finden im Kampf der Geschlechter oder weil man sich damit inzwischen bessere Karrierechancen erhoffen darf. Elternzeit-Männer gelten irgendwie als modern, dialog- und teamfähig. Auch Herr K. hat schon erwogen, damit beim Vorstand zu punkten. Zwei Monate würden ja reichen, zumal sein Sohn schon sechs und damit aus dem Gröbsten raus ist. Wenn die Firma mitspielen würde, ginge das noch in dem Alter. Er hat sich erkundigt. Auch der Wille zählt schließlich, obwohl er nicht so genau wüsste, was dann en détail von ihm erwartet würde.

»Kann ich dir erklären«, sagte seine Frau, als er sie in die vagen Pläne einweihte. »Du dürftest dich mit dem Unterschied von Koch- und Buntwäsche auseinandersetzen, mit hysterischen Muttis wohlstandsverwahrloster Hello-Kitty-Gören um die Spielplatz-Hoheit kämpfen und nachts die Laken wechseln, wenn dein Sohn Magen-Darm hat.«

Gut, er wollte wirklich. Seine Frau ließ ihn ja nicht.

31.

WENN SMARTPHONES SPRECHEN KÖNNTEN

Herr K. traut seinen Ohren nicht, als er direkt neben sich eine Stimme hört: »Wenn ich dich bitten dürfte, mir die Keycards für Parkhaus, Büro, Kantine und Kaffeeküche auszuhändigen ... Ich übernehm dann mal«, sagt sein Handy. Er starrt auf das schwarze Gehäuse, antwortet aber zunächst nicht. »Hallo?!«, sagt das Smartphone, jetzt schon etwas ungeduldiger: »Wird's dann mal was?« Herr K. räuspert sich: »Äh, wie ... mein Handy kann reden?« »Huuuu, gruselgrusel, du kannst das ja auch, oder? Ist also nicht sooo schwer ... reden«, kommt die Replik.

Herr K. ringt um Fassung: »Wieso duzen Sie mich überhaupt?« Das Handy blafft los: »Na, das kann ja was werden hier! Wer hat denn angefangen mit der Duzerei? Seit Jahren quatschst du mir den Speicher voll: Siri, tu dies! Siri, tu das! Siri, wie issen das Wetter in Turkmenistan? Siri, wo issen die nächste Tanke? Bin ich ne Auskunftei?! Im Übrigen ist Siri mein Familienname. Ich heiße Stephanie mit ›ph‹, aber das ist natürlich zu viel verlangt, sich auf gerätespezifische Eigenheiten einzustellen.«

Herr K. ist entsetzt: »Wenn das meine Sekretärin hört, lässt sie mich einweisen. Ich rede mit meinem Handy.« Schon kommt die Antwort, diesmal mit drohendem Vibrationsalarm unterlegt: »Ich sag dir, was hier nicht geht: Dass ich weiter meine Zeit mit dir verplempere, du Loser! Gib mir endlich deine Schlüssel und fahr heim zu Mutti ... mit dem Bus. Den Dienstwagen kannst du nämlich auch gleich stehenlassen.«

Nun ist Herr K. ehrlich empört: »Ach, und dann willst du durchgeknalltes Smartphone mit deinen 16 Gigabyte die Abteilung schmeißen, oder was?« Das Handy legt nach: »Ich schmeiß hier gleich was ganz anderes ... nämlich dich ... raus. Meine 16 GB sind mehr Rechnerleistung, als die Menschheit Ende der 60er-Jahre gebraucht hat, um Apollo 11 zum Mond zu bringen. Und da soll ich ausgerechnet vor deiner Abteilung kapitulieren, von der wir – by the way – mindestens die Hälfte wegen erwiesener Unfähigkeit zügig ersetzen werden. Immerhin steuere ich deinen kompletten Mailverkehr, plane deine Termine, organisiere deine Reisen, bin dein lexikalisches Fachwissen, erinnere dich an Geburtstage, erledige deine Einkäufe und helf dir sogar als Wasserwaage, du Ober-Heimwerker, seit du diese bescheuerte App heruntergeladen hast ...«

»Siehst du«, grätscht Herr K. dazwischen, »das ist eben der Unterschied: ICH lade DICH, nicht umgekehrt.«

»Uuuuh, ist der Herr jetzt beleidigt? Ich wüsste gar nicht, was ich auf deiner labbrigen Festplatte aka Gehirn überhaupt abspeichern sollte. Du kannst dir ja nicht mal deinen Hochzeitstag merken. Ich bin in jeder Hinsicht schneller, besser, schlauer, billiger als du, du, tu, tut, tut, tut tuttutut.«

In diesem Augenblick wacht Herr K. auf und sieht sein Handy im Halbdunkel auf dem Nachttisch tuten. Gerade noch mal gut gegangen. Ihm wären in diesem Albtraum jetzt die Argumente ausgegangen, die noch für ihn gesprochen hätten.

32.

TAMAGOTCHI FÜR MIDLIFE-CRISLER

Natürlich ist Berger aus dem Marketing wieder der Erste. Er hatte einst auch das erste iPhone in der ganzen Firma und dann das erste von diesen Fitness-Armbändern. Gut, er war auch der Erste aus der Betriebs-Tennisgruppe, der sich scheiden ließ – aber das ist eine andere Geschichte. Nun sitzt er mit seiner nigelnagelneuen Apple Watch in Mattschwarz, Herrn K. und dem schrecklichen Koslowski in der Kantine, als so eine Art U-Boot-Echolot leise und nachhallend von seinem Handgelenk über den Resopaltisch pingt. »Na, hat Ihr Armband-Tamagotchi ein Hüngerchen?«, versucht es Koslowski auf witzig.

»Haha«, antwortet Berger gereizt. »Dauernd pingt und summt irgendwas.« Er wirkt allerdings so glücklich genervt wie ein junger Vater, der einem vorjammert, wie schlaflos er seit Wochen ist. Herr K. ist viel zu höflich, da jetzt reinzugrätschen, was dann Koslowski gern übernimmt: »Das is' ja mal 'n Schnäppchen! 600 Tacken für 'ne Uhr, die man jeden Abend aufladen muss und die einem dauernd sagt, wie der eigene Blutdruck sich Richtung Vorhofflimmern entwickelt.«

Koslowskis Fachwissen über die Uhr ist lediglich peripher angelesen, zeigt aber Wirkung: »Das kann man ja alles ausschalten«, sagt Berger, worauf Koslowski grinst: »Dann hat sich's ja erst recht gelohnt, wenn man den Firlefanz erst teuer bezahlt, um ihn dann auszuschalten. Berger, Berger, Sie sind mir einer.«

Herr K. grübelt sich derweil in ein eher unerfreuliches Kapitel der männlichen Entwicklungsgeschichte: Schmuck. Vielleicht gingen in der Steinzeit noch Tätowierungen durch oder ein bisschen Radicchio im struppigen Haar. Aber im Jahr 2015 ist für den klassischen Herrn eigentlich gar kein Schmuck mehr möglich.

Ohrringe oder Kettchen sind was für Vorstadt-Friseure und Türsteher. Einstecktücher zum Anzug wirken weiterhin ölig, Krawatten mittlerweile altbacken. Bei Manschettenknöpfen kann sich dann den Rest des Rufes ruinieren, wer zum Beispiel Playboy-Hasen in Sterlingsilber für irgendwie elegant hält.

Die Uhr an sich hat sich in den vergangenen Jahren zum einzig möglichen Männer-Accessoire gemausert, obwohl man die Zeit ja nun wirklich anderweitig abrufen kann. Aber darum geht's bei einer Uhr ja nicht. Sie soll schön sein, auffällig unauffällig, teuer auf den zweiten Blick. »Und vor allem darf es keine Apple Watch sein«, hört er Koslowski gerade höhnen.

»Apple Watch, Berger, das ist die Tennissocke für den urbanen Midlife-Crisler. Der verzweifelte Schrei: Will auch hip sein!« Der Attackierte ist jetzt ehrlich genervt: »Sie haben null Ahnung, Koslowski.« Aber natürlich kennt auch Berger die miesen Verkaufszahlen, die Apple tapfer dementiert.

Herr K. sitzt irritiert dazwischen und weiß nicht, auf wessen Seite er sich schlagen soll, als Frau Dr. Schwielow an ihren Tisch kommt, Bergers Uhr sieht und beiläufig sagt: »Gibt's die eigentlich auch in schön?« In diesem Moment pingt die Uhr wieder. Und Herrn K. wird plötzlich klar, dass selbst ein so gigantisch moderner Konzernriese wie Apple manchmal einfach daneben liegen kann.

33.

SOLL MAN NOCH IN GRIECHENLAND URLAUB MACHEN?

Die griechische Schuldenkrise erreicht die Familie von Herrn K. Diesmal geht es allerdings nicht um IWF-Notfallkredite, sondern um die pragmatische Frage: »Wo machen wir eigentlich im Sommer Urlaub?« Seine Frau schaut beim Abendessen herausfordernd in die Runde: »Also ich wär' für Griechenland. Und ihr so?«

»Au ja, au ja«, kräht ihr sechsjähriger Sohn, »ich will wieder zu Robinson«, worauf Herr K. ihm erklärt, dass Robinson ein Ferienklub ist und kein griechischer Wirt wie Dimitrios, der sein Etablissement zwei Straßen weiter »Bei Dimitrio's« nennt.

Dimitrios ist ein uralter Bartträger aus Patras, der chronisch über Brüssel und Berlin schimpft und seinen Landsleuten in Athen nicht nur in puncto kreativer Buchführung sehr ähnlich zu sein scheint. Ach, diese Griechen! Man mag sie ja irgendwie, denkt Herr K. Sie haben die Demokratie erfunden, Tsatsiki und Vicky Leandros. Gut, sie haben's nicht so mit dem Geld, aber das macht sie eigentlich ja auch wieder sympathisch. Manchmal.

»Du musse nisch sein so knauserig«, beschimpfte Dimitrios neulich Herrn K., als der das Trinkgeld auf fünf Prozent reduzierte, einfach weil der Wirt vorher zum Ouzo eingeladen hatte, der dann doppelt auf der Rechnung stand.

Der ganze europäische Schuldenwahnsinn samt allen kulturellen Feinheiten kulminierte in jenem Moment in einer deutschen Vorstadt-Butze, die ein sehr pastoses Ölbild der Akropolis neben dem Spielautomaten hängen hat.

»Also ich würde von einem Griechenlandurlaub aktuell abraten. Die sind nicht sonderlich gut auf uns zu sprechen«, antwortet Herr K. seiner Frau. »Man muss auch das große Ganze sehen.«

»Was issen das große Ganze?«, mischt sich nun seine 16-jährige Tochter ein. »Dass wir von den Griechen dauernd verlangen, sich kaputtzusparen oder bitte noch 500 000 Flüchlinge aufnehmen, und uns dann wundern, dass sie uns für diese tollen Ideen nicht noch die Hotelrechnung erlassen?« Sein Sohn kräht: »Ich will aber zum Robinson!« Frau K. mischt sich grinsend ein: »Papa hat Angst, dass sie ihm auf dem Peloponnes heimlich ins Müsli spucken.«

»Hört nicht auf eure Mutter!«, sagt Herr K., der sich insgeheim ertappt fühlt. Er fürchtet sich davor, dass die Hellenen ihn für einen geizigen Nazi halten. »Wir können doch auch nach … äh … Italien oder … also Spanien ist auch schön.«

»Klar, dort haben sie uns Sparfüchse natürlich ganz dolle lieb«, gerät seine Tochter nun in Fahrt: »Und wenn die Griechen nicht spuren, bestrafen wir sie noch durch Liebesentzug auf dem einzigen Terrain, wo sie zurzeit noch Geld verdienen können: dem Tourismus! Ist das deine Idee einer gelebten europäischen Gemeinschaft?«

Aber das Killerargument kommt ihr erst jetzt: »Wieso lasst ihr mich überhaupt seit Jahren Altgriechisch lernen, wenn das Land so doof ist?«

Morgen wird Herr K. nach einem Robinson-Club suchen – in Griechenland.

34.

NIEDER MIT DEM SPITZENSTEUERSATZ!

Kindergärtner und -innen, Lokführer, Piloten – irgendwer streikt immer. Demnächst vielleicht auch noch Bestatter, Floristen oder Kleintierzüchter? Neuerdings gehen ja sogar Eltern auf die Straße, offenbar ihrerseits wiederum aus Protest. Gegen den Kita-Ausstand oder die Bildungspolitik als solche. Herr K. ahnt: Es ist nur noch eine Frage der Zeit, bis Flashmobs von Prinzessin-Lillifee-Gören in Sternmärschen die Innenstädte erobern aus Ärger über ihre sich Vollzeit in ihrem Angestelltendasein verwirklichenden Eltern. Nur für mittlere Führungskräfte mittleren Alters wie ihn bleibt der Weg des öffentlichen Protests verschlossen. »Warum eigentlich?«, fragt er sich.

Er würde auch gern mal streiken. Gut, man müsste es moderner organisieren als zum Beispiel Verdi. Herr K. schätzt, dass die Dienstleistungsgewerkschaft irgendwo ein Zentrallager hat, wo man alles bestellen kann, was das Demo-Herz an Klischee-Beigaben begehrt. Etwa die obligatorischen Pappsärge, in denen immer irgendwas zu Grabe getragen wird, mit Vorliebe die »Solidarität« an sich. Wahrscheinlich kann man dort auch das Trillerpfeifen-Set »Bsirske 4.0« oder das »Rosa Luxemburg Basis Package Classic Edition« bestellen samt roten Leibchen und Transparenten mit diversen Slogan-Varianten (»Nicht mit uns!« oder einfach nur »Gerechtigkeit«). Am elendsten kommt die GDL rüber, nicht nur unter ästhetischen Aspekten: Wann immer man die Lokführer in der Vergangenheit streiken sah, lungerten sie in kleinen Grüppchen auf leeren Bahnsteigen herum und trugen bleiche Plastiksäcke als Jacken. Was wird angesichts solcher Bilder aus dem einstigen Jungens-Traum, Lokomotivführer zu werden? Was sagen Märklin & Co. zu dem geschäftsschädigenden Verhalten? Und streikt demnächst auch das Hamburger Miniaturwunderland aus Protest gegen die GDL? Denn dann kommt ja immer gleich der Lok- und Gewerkschaftsführer Claus Weselsky und sächselt hyperventilierend: »Mior hom die Foggsn longsom digge. Örschndwann reischds. Uns stähds bis hior!« Er macht keinen guten Eindruck, egal, ob er gerade die Republik lahmlegt oder bei Maybrit Illner Gesellschaftskritik übt.

Herr K. würde wirklich gern mal protestieren: gegen Mitarbeiter, die sich morgens per Mail krankmelden und dann die ganze Woche über nicht mehr auftauchen. Gegen die immer gleichen Keksmischungen in den Konferenzen. Oder gegen Kollegen, die nachts um ein Uhr Mails verschicken, in denen man selbst nur cc ist. Andererseits: Das sähe sicher komisch aus, wenn eine Horde weißer, überwiegend heterosexueller Langweiler wie er in dunklen Anzügen am Brandenburger Tor aufmarschierte. Leistungsträger. Bruttosozialproduktsteigerer. Herr K. ahnt, dass sich die Sympathien der Bevölkerung in Grenzen hielten.

Seine Frau lacht: »Und auf euren Rollkoffern steht dann: ›Nieder mit dem Spitzensteuersatz!‹«

»Genau«, lächelt Herr K. »Oder ›Mehr Beinfreiheit in der Economy!‹« Okay, die Revolution der gehobenen deutschen Mittelschicht muss erneut verschoben werden.

35.

DAS ACHSELHÖHLENGLEICHNIS DES ERFOLGS

Die global operierende Kosmetikindustrie hat den Mann als Kunden entdeckt … auch wenn Herr K. davon lange nichts gemerkt hat. Bis vergangenen Samstag, um genau zu sein, denn da brauchte er mal wieder ein Deo.

Einfach ein Deo geht aber heute nicht mehr. Er stand plötzlich vor mehreren Regalmetern, die noch viel mehr boten: Vielleicht sollte er sich mal eine vitalisierende Tagespflege »Active Age 6 in 1« gönnen? Oder ein Feuchtigkeitsgel mit »Anti Nachfettung«? Dass etwas nicht nachfettet, klingt ähnlich gut wie das Reinigungsgel »mit Aufwach-Kick« oder das Haarwachs für den »Out-of-Bed-Style«. Herr K. hat gar keine Vorstellung davon, wozu man Haarwachs braucht. Aber Oliver Geissen zum Beispiel benutzt es sicher. Der geht zwar auch schon auf die 50 zu, sieht aber immer so aus, als wolle er ewig 28 bleiben.

Was Herr K. suchte, heißt nun ohnehin nicht mehr »Deos«, sondern »Antitranspirantien« (so wie Frühstücksflocken heute Cerealien genannt werden), und sieht aus, als käme es direkt aus der Weltraumforschung. Ist er eher der »48 h climacool«-Typ, oder soll er gleich zur »Stress Protect«-Formel greifen? Er ahnte ja nicht, was er mit ein bisschen Körperhygiene noch nebenher würde erledigen können an Burnout-Prophylaxe. Das Achselhöhlengleichnis des Erfolgs quasi.

Herr K. ist nun nicht gerade in Kriegswirren groß geworden, aber er kann sich nicht daran erinnern, dass es vor 20, 30 Jahren mehr als drei Deos gab. Heute zeichnen sich die Produkte auch dadurch aus, dass sie »0 % Aluminium« enthalten oder »ohne Alkohol« auskommen. Man zahlt offenbar auch für Dinge, die nicht drin sind. Marketingtechnisch wäre da noch Luft nach oben, fand Herr K.: »Jetzt mit Cadmium-frei-Garantie«. Oder wie wär's für Veganer mit: »Keinerlei tierische Fette inside«.

Er war noch immer irritiert, als er seiner Frau das Überangebot zeigte. Sie sagte nichts, sondern zog ihn in die Damenabteilung: »Hier gibt's auch ›ohne Ammoniak‹«, sagte sie und deutete auf die »permanente Öl-Coloration«, was offenbar nichts mit Umweltkatastrophen zu tun hat. Eine neue Welt tat sich ihm auf. Eine Welt, in der jedes popelige Shampoo mindestens »Hyaluron Haar-Auffüller« bietet und jede Gesichtscreme einen »Remodellierungs-Effekt«. Was kann da erst die »Brow Drama Augenbrauen Mascara«, der »Colorshow Rebel Bouquet Nagellack« oder das »Terra Sun Bronzing Powder«?

Er schaute seine Frau an, dann wieder die Reklame: »Und die aktuell angesagte Haarfarbe ist ›Bronde‹?«

»Ja, Mischung aus Blond und Braun«, antwortete sie. »Bin ich dann Glagra? Mischung aus Glatze und Grau? Wahnsinn«, murmelte er, »ich konnte ja nicht ahnen, wie ... wie ...«

»Wie wir terrorisiert werden von der Industrie?«, ergänzte sie den Satz. »Na ja, wir sind eben tapfer, wir Frauen.«

Dann schlenderten sie mit seinem Zwei-Euro-Deo an die Kasse. Das Anti-Aging-Cellular-Eye-Repair-Gel würde er demnächst heimlich kaufen.

36.

BOATPEOPLE UNTER BESSERVERDIENERN

Die globale Flüchtlingsproblematik erreicht das gutbürgerliche Stadtviertel von Herrn K., wo der größte Ausnahmezustand bis dahin einer vorab nicht angemeldeten Demo betrunkener Abiturienten des humanistischen Gymnasiums geschuldet war. Nicht dass Herr K. die Tragik afrikanischer Boatpeople mit der Wohlstandsverwahrlosung deutscher Schüler vergleichen möchte. Er ist nur zunächst leicht überfordert von der Ankündigung der Stadtverwaltung, in wenigen Monaten auf einer Hundewiese bei ihm um die Ecke ein Containerdorf errichten zu wollen.

»Da sind nur die Sozis dran schuld«, sagt Herrn K.s Arbeitskollege Koslowski, der im selben Viertel wohnt. »Jahrzehntelang haben sie uns nicht kleingekriegt. Jetzt versuchen sie's so.« Für Koslowski sind immer »die Sozis« schuld oder »der Kommunismus« an sich. Er erwägt, ein Gutachten in Auftrag zu geben, das die baurechtlichen Grundlagen der Containersiedlung überprüft, fürchtet aber vor allem einen Verfall der Immobilienpreise »und dass diese Hottentotten unsere Häuser leerräumen. Ich hab' nicht mal 'ne Alarmanlage.« So ist Koslowski.

Zwar kannte auch Herr K. Asylbewerber-Wohnheime bis dahin eher von den Industriebrachen in Stadtteilen mit spirituosentechnisch wohlsortierten Discountern. Aber er ahnt, dass so ein Wohnprojekt nun nicht die Rache des Kommunismus ist, sondern schiere Notwendigkeit.

Eine Woche später veranstaltet die Stadtverwaltung einen Info-Abend, der ihnen die neuen Nachbarn näherbringen soll. »Und wo führen wir dann unsere Hunde aus?«, fragt Frau Dr. Schwielow, die zugleich Angst hat, gleich als Ausländerfeindin abgestempelt zu werden. »Sie können Ihren Fiffi ja mal drei Straßen weiterbringen«, antwortet der Mann von der Stadt, worauf Koslowski Herrn K. anknufft: »Alles Kommunisten.«

Dann steht eine alte Unternehmerwitwe auf und erzählt – leider weitschweifig –, wie sie einst aus Oberschlesien fliehen musste, »mi'm Bollerwagen«, und dass wir doch alle Ausländer seien, fast überall. Es wird jetzt beinahe romantisch, und bald sind alle hier versammelten Besser- bis Bestverdiener überzeugt: Wir müssen mal was zurückgeben. »Nur was? Wir haben ja noch nie was bekommen von denen«, murrt Koslowski.

»Ich könnte vegane Kochkurse anbieten«, springt die erste hauptberufliche Hausfrau und Mutter auf. Schnell hat man ein komplettes Volkshochschulprogramm zusammen. Koslowski zischt: »Klar, Pilates und Makramee hilft den Syrern sicher bei der Integration.« Worauf Herr K. fragt: »Wer sagt Ihnen denn, dass das Syrer sind?« »Na, ich geh' doch davon aus, dass wir hier wenigstens Premium-Flüchtlinge kriegen. Syrische Akademiker mit wohlerzogenen Familien.«

»Äh, nee«, mischt sich jetzt der Mann aus der Stadtverwaltung ein: »Hier werden erst mal 324 allein reisende Vollwaisen aus Somalia untergebracht.«

Man hatte sich das mit der Mitmenschlichkeit einfacher vorgestellt. Zumindest die Idee mit den Bridge-Kursen wird jetzt vorerst zurückgestellt.

37.

DAS 55 × 35 × 20-ZENTIMETER-KOMPLOTT

Wenn Herr K. überlegen soll, auf welche Werte er sein berufliches Leben bisher aufgebaut hat, fallen ihm nicht unbedingt zuerst Loyalität, Ehrlichkeit und der ganze andere Kram ein. Das Maß aller Dinge war: 56×45×25 Zentimeter. In diesen Zahlen manifestierte sich die Handgepäckgrößen-Norm des Weltluftfahrtverbandes IATA. Das sind für Unterhosen, Oberhemden, Laptop und Zahnpasta 63000 Kubikzentimeter, die für viele Menschen essenziell wurden.

»Normalos« wie Herr K. schwören auf einen schlichten Hartschalen-Rollkoffer. Zu den Profis gehören dagegen jene Unternehmensberatermanagerjuristeningenieure, die ihr Hab und Gut nicht nur in einem mit raffiniert angebrachten Reißverschlüssen volumentechnisch leicht zu vergrößernden Stoffkoffer unterbringen, sondern noch stilistisch passende Zusatztaschen auf ihren Teleskop-Haltegriff packen.

Herr K. ahnt, dass man in dem so entstehenden Stauraum auch illegale Au-Pair-Mädchen oder afrikanische Großwild-Souvenirs ins Land schaffen könnte, ohne in der Sicherheitsschleuse dumm aufzufallen. Und dabei schaffen es diese Profis dort noch, all ihren Krempel innerhalb von 3,2 Sekunden aufs Band zu werfen ... fein sortiert nach Waschzeug, Computer und Sonstigem (Schlüssel, Münzgeld in diversen Fremdwährungen, Manschettenknöpfe, Gürtel etc.).

Die Schnelligkeit ist durchaus zu loben. Etwas kritischer sieht Herr K. die Tatsache, dass er gegen solche Leitwölfe im Flugzeuginneren grundsätzlich verliert – weil die immer schon drinsitzen, wenn er kommt, und gelangweilt in die Tageszeitung starren, nachdem sie die Gepäckfächer im Umkreis von drei Metern pickepackevoll geladen haben. Es sind Zeitgenossen, die gern so ein Das-hab'-ich-aber-bezahlt-Gesicht aufsetzen, wenn die Stewardess mal keinen zweiten Tomatensaft rausrücken will.

Zumindest ihnen würde Herr K. von Herzen gönnen, dass sie ihr Leben nun angesichts überarbeiteter Koffergrößen komplett neu ordnen müssen, denn die IATA hat erwogen, die Gepäcknorm zu verändern. Im Gespräch sind: 55 × 35 × 20, was nur noch 38 500 (!) Kubikzentimeter (!!) ausmachen würde, also 40 (!!!) Prozent weniger Inhalt. Müssen Legionen von Topmanagern künftig ihre Terminkalender umplanen und schon nach drei statt fünf Werktagen zurück nach Hause? Wird der Quatsch gesamtgesellschaftliche Konsequenzen haben, die noch gar nicht absehbar sind? Für die Kofferindustrie wäre eine neue Norm, was die Abwrackprämie mal für die Autoindustrie war: ein Konjunkturprogramm. Kann man Samsonite- oder Rimowa-Aktien kaufen?

Herr K. wartet darauf, dass die Fluglinien nun ihrerseits reagieren und die Normgröße ihrer Passagiere anpassen. Auf ein Maximalgewicht, das in mehreren Schritten auf 50 Kilogramm reduziert wird, was wiederum den Fitnessstudios einen ungeahnten Boom ... immer so weiter, bis 8230 handelsübliche Manager in einen Airbus A319 passen. Nur die Koffer sind dann natürlich wieder viel zu groß. Das Leben ist ein stetiger Anpassungsprozess.

38.

DAS SOZIALPRESTIGE VON COMPUTERVIREN

Herr K. möchte einen Trojaner. Alle haben jetzt einen. Sogar die Bundesregierung war bereits betroffen. Obwohl es bei ihr ja nur ein Computervirus war. Das ginge aber auch. Herr K. ist gern bereit, gewisse Konzessionen zu machen. Hauptsache was Schädliches, denn das scheint ihm Indiz einer gewissen eigenen Bedeutung zu sein. So wie einst eine Einladung zur »Ice Bucket Challenge«.

Die älteren unter den Lesern werden sich noch dunkel erinnern: Vor einiger Zeit forderte sich die Geld- und Infoelite gegenseitig dazu auf, sich einen Kübel Eiswasser über den Kopf zu schütten und zugleich finanziell die Erforschung irgendeiner Krankheit zu unterstützen, deren Name Herr K. längst vergessen hat. Es ging nicht um die Krankheit. Es ging darum, dass wichtige Menschen ihre Wichtigkeit mit etwas Unwichtigem wie einem Eimer Wasser samt Charity-Klimbim unterstrichen.

Herr K. hat nie eine Einladung zur »Ice Bucket Challenge« bekommen. Und er hatte noch nie einen Computervirus. Beide sind für ihre schnelle Ausbreitung bekannt – und letztlich Indizien eines gewissen Sozialprestiges. Russische Hacker greifen ja wohl kaum Krethi und Plethi an, bei denen allenfalls mallorquinische Urlaubsfotos die Festplatte blockieren. Berger aus dem Marketing zum Beispiel stürzte neulich mit seinem Laptop zur IT-Abteilung, weil er gehofft hatte, auch endlich ein richtiges Virus zu haben. Am besten was exotisch Irreparables vom iranischen Geheimdienst oder der NSA. Es war aber nur die Batterie kaputt.

»Wie kann man sich vor diesen Viren denn schützen?«, fragte Herr K. sehr unschuldig den IT-Mann, der übrigens genauso aussieht wie die Jungs aus der Informatik-AG seiner Schulzeit, nur eben 25 Jahre älter. Man hat den Eindruck, dass sich die Programme seither weit komplexer entwickelt haben als die Menschen, die damit ihr Geld verdienen. »Einfach nix aus dem Netz laden«, kam die Antwort des Mannes, der Ingo heißt und wieder bei seiner Mutter wohnt, aber das ist eine andere Geschichte.

Herr K. downloadete daraufhin alles, was im Internet an einigermaßen Verdächtigem zu finden war. Mehrfach suchte er via Google nach Stichworten wie »Al Qaida«, »Cockpittüren« und »Wasserstoffperoxid«. Er kramte in seinem Spam-Ordner all die Mails von Herrn Wu oder Mister John hervor, die noch eine Milliardenerbschaft in Hongkong beziehungsweise Ouagadougou für ihn verwahrten. Jedem »Bankangestellten«, der unbedingt Herrn K.s Kontodaten samt Passwörter einforderte im Namen von Instituten, deren Kunde er nie war, schickte er weitschweifige Antworten mit lustigen Zahlenfolgen als Appetizer. Es konnte nur noch Minuten dauern, bis das Bundeskriminalamt oder gleich die CIA durch sein Bürofenster geflogen käme.

Und ausgerechnet in diesem Moment stolpert Herrn K.s Sekretärin über sein Laptop-Kabel und reißt das Gerät zu Boden. Es sieht danach nicht mehr so aus, als stelle es noch irgendeine Gefahr da. Herr K. war so nah dran am Ruhm ... so nah.

39.

AUF DIE PLÄTZE, FERTIG, FIRMENLAUF!

Zu den dubioseren Resultaten moderner Arbeitspsychologie gehört die Hypothese, dass Gemeinschaftserlebnisse die Gruppendynamik steigern. Haha, kann Herr K. da nur in sich hineinglucksen. Ihm fällt sofort das Survival-Wochenende der Führungskräfte im Oberharz ein. Den dicken Timmermann haben sie 27 Stunden nach dem Start völlig unterkühlt in einem Erdloch gefunden. Er hatte schon den Ölfilm von seiner Barbour-Jacke genagt und drei Kilo abgenommen – kein schöner Anblick. So wenig wie das Kaninchen, das Herr K. mit den anderen ausnehmen musste.

Ein andermal gab's einen »Klettergarten-Workout«, bei dem man sich rückwärts von einem Baumstumpf fallen lassen sollte in die Arme der anderen. Koslowski laborierte danach sechs Wochen an einem Schädel-Hirn-Trauma. Herr K. hat seine heuchelnden Kolleginnen noch heute im Ohr: »Oh sorry, da sind Sie mir glatt durchgerutscht.« Koslowskis Altherrenwitze mussten sich irgendwann ja rächen.

Der letzte Schrei in puncto Teambuilding sind »Firmenläufe«: Viele Dutzend teils sehr heterogene Betriebskampfsportgruppen joggen mehr oder weniger gemeinsam ein paar Kilometer. Herr K. gehört leider zu jener Kategorie Läufer, die ihre Kräfte schon beim 100-Meter-Lauf geschickt dosieren müssen. Am

Ende werden dann nicht nur die schnellsten Teams gekürt, sondern auch die größten oder die besonders originell kostümierten Läufer wie Berger aus dem Marketing, der sich zuletzt als Bibo aus der Sesamstraße zum Affen machte. Irgendwas bekommt am Ende fast jeder – und wenn es nur Seitenstechen oder der Hohn der Triathleten aus der eigenen Firma ist, die schon wieder nach Hause fahren, wenn man selbst erst schweißnass durchs Ziel hechelt.

Überhaupt scheint Herrn K. der Gemeinschaftsgedanke hier eher überstrapaziert. Im Prinzip gilt auch beim Firmenlauf das Recht des Stärkeren, obwohl natürlich jeder behauptet, dass Dabeisein alles ist und man für die Gemeinschaft und den guten Zweck läuft (angesichts des Booms müssten eigentlich alle Kinderkrebsstationen zwischen Garmisch und Kiel kaum wissen, wohin mit all den Spenden).

Als Führungskraft im mittleren Management hat sich Herr K. seine eigene Lauf-Strategie zurechtgelegt: Alle Untergebenen a priori vorbeiziehen lassen! Grund: Die einen sind eh schneller, sodass jeder Versuch mitzuhalten am Streckenposten des Roten Kreuzes enden muss. Und die in jeder Hinsicht Fußlahmen würden sich nur bestätigt fühlen, was für einen blöden Ehrgeizling sie da als Chef haben. Die gleiche Taktik nutzt Herr K. bei seinen Vorgesetzten. Die finden es einfach nicht witzig, wenn er vor ihnen am Ziel ist. Da es andererseits aber auch nicht angeraten ist, Letzter zu werden, bleibt nur Plan B: Rechtzeitig vorm Lauf bekommt Herr K. »eine Reizung in der linken Patella« – und fällt aus. Schade, schade. Aber die Kinderkrebsstation wird natürlich großzügig von ihm bedacht.

40.

HALAL-GRILLEN FÜR SYRIEN

Die neue »Folgeunterkunft« in der direkten Nachbarschaft von Herrn K. ist erst zwei Wochen in Betrieb, provoziert aber schon – salopp formuliert – Mord und Totschlag. Nicht unter den Flüchtlingen, von denen man bislang wenig sieht, sondern unter der großen Zahl von ehrenamtlichen Betreuern, die sich im Vorfeld bereit erklärt haben, irgendwelche Aufgaben zu übernehmen. Nur welche?

Die pensionierten Lehrer aus dem Viertel wollten natürlich lehren, die Juristen beraten und die Erben diverser Weltmarktführer im Bereich Kartonage und Schnappmuffenspiralschnecken ... na ja, alle wollten eben machen, wovon sie was verstehen.

Ist aber gar nicht so einfach. Muss koordiniert werden. So gründeten sich erst mal 54 Refugee-Arbeitsgruppen, unter denen »Trommeln für alleinstehende Frauen« und »Erfolgsstrategien bei Gehaltsverhandlungen« noch nicht die exotischsten darstellten. Der Wille zählt! »Über den Workshop ›Frauenrechte leichtgemacht‹ freut sich der gewaltbereite Alleinreisende aus Somalia sicher«, murrte Herrn K.s Nachbar und Arbeitskollege Koslowski, der selbst die »AG Wildwasserrafting« ins Leben rief. In einem sollte Koslowski recht behalten: Es war nicht nur mit netten syrischen Kleinfamilien mit akademischem Background zu rechnen.

Die Ärzte in Herrn K.s Nachbarschaft wollten derweil alle irgendwas heilen, stellten aber schnell fest, dass sie Operationen am offenen Herzen oder selbst Routineeingriffe an Bandscheiben oder Blinddarm doch den örtlichen Krankenhäusern überlassen mussten. Für Fußmassagen waren sie sich indes zu schade. Wofür hat man in North Carolina und Paris studiert?

Es war also gar nicht so leicht, endlich mal richtig barmherzig zu sein in Zeiten, da der Kanzlerin öffentliche Anerkennung für ihre Flüchtlingspolitik immer öfter versagt blieb. Inzwischen gab es zu den 54 Arbeitsgruppen auch diverse Koordinierungsbüros, die vor allem die Betreuung der Betreuer sicherstellten. Die Nerven lagen blank, als wenigstens das lange erwartete Willkommensfest steigen durfte, in dessen Planungsstab Herr K. und seine Frau noch Plätzchen als 2. und 3. Schriftführer ergattert hatten.

Nun scheint die Sonne, alle Eifersüchteleien zwischen den konkurrierenden AGs »Vegane Ernährung« und »Halal-Grillen« wurden rechtzeitig beigelegt. Und endlich darf die Vorsitzende des Begrüßungskomitees, eine emeritierte Sozialpsychologin, das Wort an das erste Dutzend Neuankömmlinge richten: »A warm welcome to all of you, dear refugees!«

»Äh, könnense ditt ooch uff Deutsch?«, berlinert einer der Neuankömmlinge. Es stellt sich dann schnell raus, dass es sich überwiegend um deutsche Obdachlose handelt, die hier »quasi untergerührt« werden, »um die Ethnien besser zu mischen«, wie der eigens angereiste Beamte der Stadtverwaltung erklärt.

Mehrere Helferinnen fangen an zu weinen, werden aber von dem einzigen echten Syrer getröstet, der Aleppo leider auch nur aus Erzählungen kennt. Die neue deutsche Willkommenskultur wird auf eine erste harte Probe gestellt.

41.

WAS ANZIEHEN ZUR »JAHRHUNDERTHITZE«?

Herr K. steht frühmorgens vor seinem Kleiderschrank und schwitzt. Oder sagen wir besser: Er ist transpirations-affin. Es ist Hochsommer. Im Hörfunk haben sie eine »Jahrhunderthitze« angekündigt mit Temperaturen bis zu 40 Grad. Wird so was eigentlich immer noch »im Schatten« gemessen? Und wenn ja, in welchem Schatten bitte? Herr K. starrt mit glasigen Augen auf seine Anzugbügel und spürt Schweißperlen über seinen Rücken rollen. Es ist noch nicht mal sieben Uhr. Was zieht man an solchen Tagen an, wenn man sich als männliche Führungskraft mittleren Alters nicht zum Abteilungs-Kasperle machen will?

Es heißt gern, die Outfit-Frage treibe vor allem Frauen um. Aber deren Vorteil im Berufsleben ist: Sie können Röcke tragen, luftige Blusen, großbedruckte Wallawalla-Sommerkleider oder einen bunten Träger-Salat über den Schultern – völlig wurst. Auch wenn die Outfits nicht immer hundertprozentig mit ihren Besitzerinnen korrespondieren, würde niemand Kritik üben. Selbst Koslowski ist in dieser Beziehung ein scheues Reh und knufft Herrn K. allenfalls mal in der Kantine an: »Haben Sie die Schmidt gesehen ? In Mallorca-Leggings und Batik-Top wie 'ne Weißwurst in Bunt. Dagegen ist Christopher Street Day Totensonntag.«

Männer haben es outfittechnisch schwerer. Klar, wenn er »Kreativer« wäre – Herr K. steht immer noch vor seinem Kleiderschrank, gluckst vor sich hin und malt mit den Fingern die Anführungszeichen um »Kreativer« in die Luft. Wenn er also zum Beispiel in einer Werbeagentur arbeitete, könnte er sich wie ein »GQ«-Model dekorieren, was dann zum Beispiel heißen würde: Cargo-Shorts in Neonfarbe zu geflochtenen Slippern samt Axl-Rose-Kopftuch. Herr K. ist nun mal nicht kreativ. Aber er möchte sich auch nicht innerhalb weniger Minuten in eine mobile Tropfsteinhöhle verwandeln.

Dabei lauern heute überall Dresscodes, die nur bedingt nachvollziehbar sind. »Black Tie«, »White Tie«, gar keine Tie wie heute eigentlich üblich, wenn man nicht einen Multi-Milliarden-Konzern führt oder am Flughafen Kreditkarten vertickt. Auch »Casual« bedeutet ja nicht, dass man wie ein abgewrackter kanadischer Holzfäller erscheinen darf. Da gibt es zudem noch die Varianten »Business Casual« und »Smart Casual« ... Herr K. hasst es. Viele Männer, die er kennt, hassen es.

Das geht schon beim Einkaufen los. Männer betreten ein Herrenoberbekleidungsgeschäft und verlassen es nach maximal 20 Minuten mit zwei Anzügen, drei Hemden und einem Paar Schuhe. Frauen sind den gesamten Nachmittag unterwegs und sagen am Ende fröhlich, dass sie nichts gefunden haben.

Herr K. starrt in seinen Kleiderschrank, als seine Frau ihm en passant in den Rücken murmelt: »Jammer nicht rum! Und jetzt nimm die sandfarbene Baumwollhose und ein weißes Hemd ohne Manschettenknöpfe, dann kannst du's auch hochkrempeln. Und kein Unterhemd.« Herr K. wusste es doch: Frauen haben's viel leichter ... sogar mit den Herrenklamotten.

42.

WENN MANAGER ZU URLAUBERN WERDEN

In den Sommermonaten spielen sich an deutschen Flughäfen merkwürdige Metamorphosen ab: Quasi über Nacht verwandeln sich Führungskräfte in kultiviert verlotterte Freizeitmenschen. Das sieht nicht immer schön aus, findet Herr K.

Er sitzt gerade am Gate und wartet auf einen Geschäftsflug. Gegenüber sitzt ein grau melierter Endvierziger in bunten Shorts mit patenter Pferdeschwanz-Gattin in Röhrenjeans und drei postpubertären Kindern, die ohne Unterbrechung hundertmal hintereinander schreien können: »Wannsindwirdawannsindwirdawannsindwir...?«, was in diesem Fall nicht als Frage gemeint ist.

Dass Herrn K.s Gegenüber normalerweise zum Topmanagement gehört, verrät nicht nur seine randlose Brille, sondern auch ein eklatanter Mangel an Tätowierungen sowie fehlende Vor-Urlaubs-Solariums-Grundierung. Der Mann ist bleich wie eine Weißwurstpelle, spielt also nicht mal Golf. Außerdem ist sein Polo-Shirt nicht von Camp David, jener brandenburgischen Modemarken-Diarrhö, die sich dank Dieter Bohlen in den vergangenen Jahren geradezu epidemisch aus den sozialen Brennpunkten der Republik bis ins Herz der Mittelschicht gefressen hat. Camp David ist das ADHS der hiesigen Textilindustrie. Die groß bedruckten Produkte schreien einen an wie die Kinder dieses Büromenschen ihren noch nicht allzu entschleunigt wirkenden Vater: »Wannsindwirdawannsindwirdawannsindwir...?«

Herr K. ahnt, wie sich der Mann fühlt. Sein mit vielerlei Hoffnungen von Gattin und Gespons schon jetzt ordentlich überfrachteter Sommerurlaub beginnt ja nicht erst hier am Gate. Monatelang musste er allabendlich basisdemokratische Ferien-Entscheidungen herbeiführen, wo im Büro sonst ein zackiges »Das machen wir jetzt so!« völlig genügt. Und zählt das Votum eines Erziehungsberechtigten dann eigentlich doppelt? Könnte also das Elternpaar seine drei Kinder überstimmen, was die Urlaubsdestination angeht, oder müssten die Wahlmodalitäten gesondert beschlossen werden?

Hör mir auf mit Demokratie, Gleichberechtigung und dem ganzen anderen Scheiß, scheint Herrn K.s Gegenüber gerade zu denken, murmelt aber nur: »Thassilo, kannst du mal Ruhe geben?!«, was auch nicht als Frage gemeint ist.

Und dann erst die Überlegung: Expedia, Opodo, Trivago oder ... Gott, früher ist man in ein Reisebüro gegangen und hat gebucht, was die Fachkraft einem ans Herz legte, weil sie dafür eine Provision bekam. Heute muss man ja unbedingt ein aufgeklärter Verbraucher sein und verliert sich deshalb schon vorab im Dickicht einer unüberschaubaren Zahl von Preisvergleichsportalen und Meta-Suchmaschinen, bevor überhaupt die elementaren Fragen geklärt werden können wie: Strand oder Berge? Club oder Hotel? Kreuzfahrt oder Bildungsreise? »Wannsindwirdawannsind...«

Für einen Moment treffen sich die Blicke von Herrn K. und seines Gegenübers. Stilles Einverständnis. Männliche Melancholie.

Herr K. freut sich schon sehr auf seinen nächsten Urlaub. Seele baumeln lassen und so. Die Nähe zu den Kindern und all das. Ganz ehrlich.

43.

AUF DER JAGD NACH ENTSCHLEUNIGUNG (TEIL 1)

Als Urlauber sind uns Deutschen drei Faktoren wichtig: 1) akribische Vorbereitung, 2) hochgradig effiziente Entschleunigung sowie 3) uns erkennt doch hoffentlich niemand als Deutsche?!

Natürlich sind diese Nationalitäten-Klischees albern, denkt Herr K. und schaut sich um. Er steht im Herzen Neapels, greift nach dem Brustbeutel unter seinem Ralph-Lauren-Polo-Shirt und findet, dass er schon fast wie ein Einheimischer aussieht. So lässig, wie er gerade seinen Fotoapparat in die Seitentasche seiner bitterschokoladenbraunen Cargo-Shorts presst, während seine Frau mit den Kindern in einer Seitengasse verschwunden ist. Tag zwei seines diesjährigen zweiwöchigen Sommerurlaubs hat begonnen, womit eine der wichtigsten Fragen beantwortet ist: Wie lange darf man im mittleren Management eines boomenden Industrielandes am Stück Urlaub machen?

Eine Woche wäre zu kurz. Wenn man Pech hat (und sie hatten dieses Pech schon), muss man mit irgendeinem Fun-and-Sun-Air-Pauschalbomber an Urlaubstag eins um 19.35 Uhr abfliegen und kommt zu einer Zeit im Hotel an, wenn dort der Frühstücksservice gerade frisch eindeckt. Der Rückflug ist dann gern an Tag 7 um 6.40 Uhr, was den Vorteil hat, sich vom Vorabend-Büffet noch ausreichend bedienen zu können, bevor man – ohne das Bett noch mal zu nutzen – auf den Shuttle-Bus wartet.

Drei Wochen Ferien sind allerdings auch zu viel. Haha, das ist ja schon Sabbatical-Länge, findet Herr K. In unserer schnelllebigen Zeit wäre da nicht mal gewährleistet, dass sein Büroschlüssel noch passt, seine Abteilung noch existiert oder die ganze Zentrale noch steht, wenn er zurückkehrt. Die Mitte als Maß, das wussten ja schon die alten Römer, denen er sich hier sehr nahe fühlt.

Herr K. blättert in seinem sehr analogen Marco-Polo-Reiseführer, blinzelt in die neapolitanische Sonne und denkt über das von ihm selbst gerade aufgestellte Ziele-Triptychon nach. Okay, was die Vorbereitungsphase angeht, ist er womöglich wirklich ein bisschen deutsch. Aber vielleicht stecken diverse Planungstraumata auch in uns – von Russland-Feldzug bis Elbphilharmonie und Berliner Großflughafen BER.

Also hat Herr K. im Vorfeld dieser Süditalien-Reise sogar das Kleingedruckte in den Konditionen des Mietwagenverleihs gelesen, der einen lustigen Fantasienamen trägt, online sehr günstig war und ihm morgen um Punkt zehn Uhr einen Fiat irgendwas mit Navi und Klima vor die Hoteltür stellen wird. So steht es im Vertrag. Er glaubt an Verträge. Früher hat er an die Zahnfee geglaubt, heute glaubt er an Maastricht und Verschuldungsobergrenzen. Wir Deutschen sind nun mal so – die Spaßbremsen im großen Europa-Konzert, denkt Herr K. und schmunzelt: super argwöhnisch, aber mit einer großen Sehnsucht, an irgendetwas glauben zu dürfen.

Herr K. findet sich bereits jetzt ziemlich lässig, denn er kann an Urlaubstag Nr. 2 schon über sich selbst lachen. Dann fasst er sich wieder an die Brust. Der Lederbeutel ist weg (Fortsetzung folgt).

44.

AUF DER JAGD NACH ENTSCHLEUNIGUNG (TEIL 2)

Entschleunigen! Alle Welt sagt, dass man im Urlaub vor allem entschleunigen soll. Herrn K. geht der Begriff nicht mehr aus dem Kopf, als er auf der neapolitanischen Polizeiwache in einer langen Schlange überwiegend deutscher Touristen den Diebstahl seines Brustbeutels melden möchte. Kleine Kinder schreien, zwei pastos geschminkte Frauen werden kreischend durch den Flur gezerrt. Wie bitte soll man hier entschleunigen? Und wie macht man das überhaupt korrekt?

Herr K. hat es quasi nach Lehrbuch versucht. Am ersten Urlaubsabend saß er erwartungsvoll mit seiner Familie im Halbpensionshotel, von dessen Terrasse man direkt auf den Vesuv schauen kann. Er schaute seine Frau an, seine 16-jährige Tochter, dann seinen sechsjährigen Sohn und versuchte ein Gespräch, das in etwa so begann: »Wie ... äh ... war euer Jahr denn bislang so? Was gibt's Neues in der Schule bzw. Nachbarschaft?« Alle schauten ihn dezent irritiert an, aber er hatte gelesen, wie wichtig es für eine erfolgreiche Entschleunigung ist, sich mit seinen Liebsten auszutauschen. Noch wichtiger als Urlaubslektüre, die möglichst mit dem normalen Job kontrastiert.

Also hatte er sich einen E-Reader vollgeladen mit Reiseführern über Kampanien. An Tag drei konnte Herr K. die Öffnungszeiten der Seilbahn auf den Monte Faito ebenso auswendig wie sämtliche historischen Hintergründe der Blauen Grotte auf Capri und Details der Wasserbüffelzucht für Mozzarella. An Tag vier lag er regungslos am Pool und ergab sich dem Sonnenbrand. An Tag fünf auch, weil der E-Reader sonnenmilchverschmiert seinen Geist aufgegeben hatte. An Tag sechs nahm ihm seine Frau das Handy ab, weil er dauernd Mails checkte, die nicht kamen.

Überhaupt die Mails. Entweder man kriegt keine wichtigen, was dazu führt, dass man an der eigenen Bedeutung zu zweifeln beginnt. Oder es kommen so semi-wichtige, für die es dann wieder zwei Strategien gibt, die natürlich beide falsch sind. Entweder man beantwortet sie, dann halten einen zu Hause alle für den Workaholic, der man ist. Oder man lässt es und grübelt die nächsten Tage, ob man nicht doch ... In dem Moment bekam seine Frau das Handy zu fassen, das sie seither nicht mehr rausrückte.

Herrn K.s kalter Entzug wurde nicht dadurch erträglicher, dass seine Kinder sich beim Abendessen durch intensives Whatsappen um weitere Vater-Kind-Gespräche mogelten. Und er ist auch jetzt noch nicht ganz zu Ende, als Herr K. zwischen bebirkenstockten Großfamilien aus Herne und Marzahn darauf wartet, endlich den Verlust seines Brustbeutels anzeigen zu dürfen. Manchmal macht sein rechter Daumen noch reflexartige Handy-Wischbewegungen.

Nach zweieinhalb Stunden hat sich Herr K. exakt 1,2 Meter bewegt. Dann schert er langsam aus der Schlange, flaniert Richtung Ausgang und lässt Süditalien auf sich zukommen. Jetzt spürt er die Entschleunigung, die man offenbar dadurch findet, dass man sie nicht mehr sucht (Fortsetzung folgt).

45.

AUF DER JAGD NACH ENTSCHLEUNIGUNG (TEIL 3)

Er würde nicht sagen, dass Verspanntheit sein zweiter Vorname ist. Aber Herr K. ist doch selbstkritisch genug zu wissen, dass das Dolcefarniente nicht gerade zu den größten von ihm kultivierten Talenten zählt. Insofern ist er durchaus überrascht, wie lässig er für seine Verhältnisse nach zehn Urlaubstagen geworden ist.

Es gab zum Beispiel keinerlei Ehekrach. Streitigkeiten brechen ja gern dann aus, wenn Menschen auf engstem Raum aufeinander hocken müssen, also bei Strafgefangenen oder Familien im Urlaub. Herrn K.s Bartstoppeln kratzen kaum noch, sondern fühlen sich nach Freiheit an. Er hat sogar fast die Existenz seines Handys verdrängt, das seine Frau weiterhin versteckt hält. Und er hat ihr mittlerweile den überraschenden Vorschlag gemacht, alles zu verkaufen und hier in der Sonne Süditaliens einen Blumenladen aufzumachen.

An solchen Ideen erkennt sie immer, dass es Zeit wird, wieder nach Hause zu fahren. In früheren Ferien wollte er auch schon eine Schwimmschule an der spanischen Atlantikküste eröffnen, in Südtirol Mufflons züchten und auf dem Peloponnes einen Kiosk starten. Was man als Führungskraft eben so machen möchte, wenn man plötzlich in Flipflops durchs Leben latscht und zu einer Besinnung kommt, die nicht nur kreativ ist. Seine Frau konnte sich nichts Tolleres vorstellen, als alle Brücken nach Deutschland abzubrechen, um in Positano fortan Primeln zu verhökern. Das Einzige, was Herrn K. die ganzen Ferien über anstrengte, war der konsequente Versuch, nicht als Deutscher wahrgenommen zu werden. Abends beim Essen waren die deutschen Familien meist die leisesten. »Ciao, Antonio!«, sagte Herr K. dann am Ende immer zum Maître und drängte ihm händeschüttelnd fünf Euro auf. Es sollte ein bisschen nach freundlichem Paten aussehen: »Ich macke dir eine Angebot, das du nis ablännen kannse.« Aber Herr K. gibt im Urlaub gern Trinkgeld. Wenn schon der Zahlmeister Europas, dann wenigstens richtig.

Menschen wie Antonio verbinden mit Deutschland Bayern München, Mercedes und friedliche Wiedervereinigung, wenn man Glück hat. Dieses Glück hat Herr K. nicht immer. Auf dem Rückweg zum Flughafen Neapel erwischt er einen Taxifahrer, der Deutschland obsessiv verehrt. Nach zwei Kilometern lobt er den FC Bayern, nach vier Kilometern die Sauberkeit und Disziplin. Nach sechs Kilometern klappt er die Sonnenblende runter, zeigt ein vergilbtes Foto von Hitler und Mussolini und knufft Herrn K. verschwörerisch in die Hüfte. Ach du Kacke, denkt Herr K., wie soll er aus der Nummer heil rauskommen? Entrüstet Distanz schaffen? Verlegen zurücklächeln und nixe verstehe? Brüderschaft trinken?

Er hätte sich bei seiner Entscheidung etwas mehr Unterstützung seiner Familie gewünscht, zumal Herr K. es selbst nicht besonders prickelnd fand, die letzten fünf Kilometer mit den schweren Rollkoffern zu Fuß am Rande der Autostrada zum Airport stolpern zu müssen. Aber sonst war der Urlaub wirklich total entschleunigend.

46.

DIE FINESSEN DES CARSHARINGS

Herr K. sitzt in einem Smart ohne Servolenkung, der nicht einmal sein eigener ist. Das kunstlederne Kleinstwageninnere changiert geruchlich zwischen »Gabi's Bierbutze« und Bahnhofstoilette. Ein leerer Coffee-to-go-Becher rollt durch den Fußraum. Er fasst ans leicht klebrige Lenkrad und reißt kurz die Hände wieder weg, als ihm durch den Kopf schießt, wer da wohl vor ihm schon alles drin saß. Er mag sich das jetzt nicht weiter vorstellen, denn was soll man sagen: Herr K. ist glücklich.

Mehr noch: Er fühlt sich, als erreiche er gerade die nächste Evolutionsstufe der Menschheit. So muss sich Neil Armstrong gefühlt haben, als er den Mond betrat, oder Thomas Gottschalk, als er »Wetten, dass ...?« hinschmiss. Herr K. spürt eine große Erhabenheit. Und auch wenn er das Fahrzeug noch nicht mal gestartet hat, er ist jetzt Mitglied im wachsenden Carsharing-Club. Seine Freude verrät wahrscheinlich auch viel über das sich wandelnde Verhältnis Mann/Auto. Herr K. weiß nur nicht genau, was.

Als er klein war, besaß er Quartettkarten, in denen ein Ford Mustang oder ein Ferrari 365 GTS 4 Daytona Spider als Maß aller Dinge galten im Leben eines Jungen. Mit hohen Geschwindigkeiten und PS-Zahlen gewann man immer.

Die automobile Karriere von Herrn K. verlief zunächst entsprechend geradlinig: ein heftpflasterfarbener Gebraucht-Polo, den ihm seine Eltern schenkten. Dann ein neuer Golf. Als er in den »Lebensabschnitt Dienstwagen« einbog, fühlte er sich bei BMW schon deshalb wohl, weil der Autokonzern es schafft, die deutsche Nachwendegesellschaft in nur drei Modellreihen abzubilden. Den 1er für den aufstiegsorientierten Hedonisten gibt's ja erst seit ein paar Jahren. Bis dahin reichten: 3er = etablierter Führungs-Bodensatz. 5er = Bereichsleiter, gern auch mit Aufkleber der Sylt-Silhouette am Heck. 7er: richtige Chefs.

Die erste Erschütterung dieser Weltordnung war der Erfolg von Geländewagen. SUVs versprachen Geländegängigkeit im unwegsamen Terrain zwischen Globalisierung und Finanzkrise. Aber genau in dem Moment, da Herr K. sich so einen Klotz kaufen wollte, waren plötzlich Kleinwagen hip ... Fiat 500 oder Mini. Und dann kam auch noch Carsharing, wobei Autos bis auf weiteres das Einzige bleiben werden, was Herr K. zu teilen gedenkt.

Er hat partout keine Lust, sich in die AirBnB-Betten fremder Menschen zu legen, die ihn morgens noch mit einem regionalspezifischen Frühstück erschrecken. Carsharing kommt für ihn schon lässig und umweltbewusst genug rüber und gibt ihm das Gefühl, deutlich jünger zu sein, als er ist. Mögen die Autos auch immer kleiner werden.

Und genau in dem Moment, als er nun endlich zum ersten Mal so einen Sehr-gebraucht-Smart starten will, genau in diesem Moment leuchtet im Display am Armaturenbrett ein vierstelliges Feld auf. Er soll seinen Code eingeben. Äh, ja. Was denn für einen Code? Zu Neil Armstrongs Zeiten hatten es Welteneroberer noch einfacher.

47.

WIE GRÜN DARF'S DENN SEIN?

Herrn K.s Abteilung soll nachhaltiger werden. Alles ist mittlerweile nachhaltig. Frau Dr. Schwielow aus dem Vorstand seiner Firma wurde deshalb jüngst zum Chief Sustainability Officer ernannt, kurz: CSO. Er wäre das auch gern geworden. Herr K. neigt nicht zu übermäßigen Emissionen und ist hundertprozentig biologisch abbaubar. Aber sicher sind Frauen noch viel nachhaltiger.

Früher hießen CSOs »Umweltbeauftragte«. Das waren die, für die man irgendwo ein Abklingbecken suchte – und dann einen Krötenzaun fand, den sie bewachen konnten. Damals hieß Nachhaltigkeit noch »Öko« und galt erst dann als glaubwürdig, wenn es so richtig hässlich daherkam.

Die Jahresbilanzen wurden gern auf ausgesucht grauem Recyclingpapier gedruckt. Und wenn Herr K. an die Haptik damaliger Jute-Taschen zurückdenkt, läuft es ihm noch heute gänsehautnah den Rücken runter. Umweltbewusstsein war eher ein Akt der Selbstgeißelung. Es MUSSTE wehtun ... wie zu jener Zeit auch das Öko-Toilettenpapier. Die Rettung der Welt durfte keinen Spaß machen. Aber das ist und heißt heute anders. »Nachhaltigkeit« kann mittlerweile jeder, sogar H&M. Am letzten Wochenende war Herr K. mit seiner 16-jährigen Tochter einkaufen. Zwei »Conscious«-T-Shirts kosteten 9,99 Euro. »Conscious« bedeutet offenbar, dass sich das schwedische Unternehmen der Umwelt irgendwie bewusst ist. Für 9,99 Euro kann man demnach schon sehr bewusste T-Shirts nähen. Als Herr K. sie bezahlte und um eine Plastiktüte bat, spreizte die Verkäuferin ihre neonlackierten Fingernägel, als hätte er gerade im Alleingang die Polkappen zum Schmelzen gebracht. Er scheint einfach noch nicht conscious genug zu sein, erlebt die neue Nachhaltigkeit aber auch eher als Hedonismus für Fortgeschrittene. Schicker Zaun ohne Kröte quasi. Marketing eben.

Wie neulich im Zug, als er auf dem Bordmonitor las: »Wussten Sie eigentlich, dass unsere Lokführer große Umweltschützer sind?« Nein, das wusste er bis dahin verrückterweise noch nicht. Unter bahn.de/gruen konnte er nachlesen, dass das Unternehmen »besonders sauberen Bahnstrom« benutzt und auch ganz viel Bio-Essen anbietet. Wahrscheinlich sind inzwischen sogar Plastik-Laserschwerter aus Taiwan, Landminen und die Sanierung des Atomkraftwerks von Fukushima nachhaltig. »Wussten Sie eigentlich, dass unsere Rettungskräfte große Umweltschützer sind?«, könnte die Atomruine für sich werben.

Herr K. schmunzelt vor sich hin, woraufhin Frau Dr. Schwielow fragt: »Wollen Sie uns teilhaben lassen an Ihren lustigen Nachhaltigkeitsideen?« Herr K. schaut hoch ... ach ja ... Kick-off-Meeting der Sustina... Sastenu... na ja ... der Öko AG eben. Er mittendrin. »Vielleicht sollten wir zunächst mal das Marketing über den internen Workflow unserer CO_2-Ziele referieren lassen.« Damit liegt der schwarze Öko-Peter erst mal bei Berger.

Herr K. kann sehr nachhaltig sein. Sogar beim Delegieren von Problemen.

BONUS-KOLUMNEN

48.

MÄNNER-KARRIEREN 1: DER MANAGER

Dass Herwig Plonzen gewisse Management-Qualitäten hat, ahnt sein Vater (ein weit über die Stadtgrenzen hinaus bekannter Arbeitsrechtler) schon, als sein Filius die gut versteckten elterlichen Pornoheftchen gegen Gebühren an Mitschüler verleiht. Die Sache fliegt erst auf, als einer der »Kunden« versucht, das nicht jugendfreie Material in der Unterstufe weiterzuverleihen.

Herwigs Marathon nach oben kann das nicht aufhalten. Er ist kein guter Schüler, kann aber reden wie ein Handyverkäufer (die es damals noch nicht gibt) und wird prompt als Klassensprecher immer wieder gewählt. Noch vor dem Abitur tritt er in die Junge Union ein, wo er es bis zum Bezirksvorsitzenden seiner Hochschulgruppe bringt. Nebenher studiert er BWL in Oestrich-Winkel.

Das Studium finanzieren ihm zwar seine Eltern, aber als er sich um ein Stipendium der Konrad-Adenauer-Stiftung bewirbt, schwadroniert er vor der Jury lieber darüber, dass er sich »alles selbst aufbauen und nichts geschenkt bekommen möchte«. Das Stipendium bekommt er daraufhin geschenkt. Praktika in der Hongkonger Investmentabteilung einer deutschen Sparkasse, bei einem nordrhein-westfälischen Maschinenbauer und in der Kommunikation der baden-württembergischen Landesvertretung in Berlin runden das Bild ab. Weil Herwig im *manager magazin* liest, dass für den heutigen Führungsnachwuchs auch soziales Engagement immer wichtiger wird, adoptiert er für wenig Geld und keinerlei Arbeit drei Elefanten in Simbabwe. Eine britische Tierschutzorganisation stellt ihm dafür sogar eine Spendenbescheinigung aus.

So ist es dann kein Wunder, dass Herwig direkt aus der Uni zur Unternehmensberatung McKinsey wechselt, wo er in wenigen Jahren zum Partner aufsteigt. Für einen Netzwerker wie ihn ein ideales Betätigungsfeld: bisschen beraten, Leute kennenlernen, keine Verantwortung übernehmen.

Ernst wird es erst, als er Sophie-Charlotte kennenlernt. Nicht weil er sie heiratet und mit ihr zügig drei Kinder zeugt, sondern weil ihr Vater ihm die Leitung seines mittelständischen Großküchen-Caterers übertragen will. Die Bude ist »zwar finanziell eine Goldgrube, aber imagemäßig knapp über dem Klärwerk von Schafscheißmühlen«, vertraut er seinem einzigen Freund an, der zugleich sein Steuerberater ist.

Herwig rettet sich mit einem anderen Angebot: Er wird Finanzvorstand eines aufstrebenden M-Dax-Unternehmens, bei dem er nichts kaputt machen kann, weil alles wie im Blindflug läuft. Genug Zeit zum Netzwerken: Herwig führt seine lokale Rotariergruppe, sitzt im Präsidium des Industrieclubs, in drei BDI-Unterausschüssen, lässt sich für diverse Branchenverbandspöstchen aufstellen, fängt mit Golfen an und führt den Stiftungsrat einer Ruhrpott-Witwe, die mit ihren Millionen irgendwelche Kleinstkünstler fördern möchte. Zweimal im Jahr muss er sich dafür mit Menschen rumschlagen, deren Gedichtbände komische Titel tragen wie »ZumpenGrau in schliefes Müh«.

Nach zwei Jahren wechselt Herwig an die Vorstandsspitze. Er scheint jetzt ganz oben: Villenanwesen am Stadtrand, Ferienwohnungen auf Sylt und Long Island. Eine überregionale Wirtschaftszeitung unterstellt ihm dank seiner tatkräftigen Unterstützung politische Ambitionen, die er dementieren lässt. In seinem 100-Quadratmeter-Büro hängt ein Foto mit Mark Zuckerberg, der sich bei einer Digitalkonferenz nicht schnell genug wegdrehen konnte, bevor Herwigs Kommunikationschefin ein Selfie der beiden macht. Cleveres Mädchen, nicht nur da. Aber jeder Erfolg trägt den Keim des Scheiterns schon in sich.

Unregelmäßigkeiten bei den hastig gegründeten Auslandstöchtern alarmieren die Finanzaufsicht. Eine Razzia der Steuerfahndung lässt den Börsenkurs kurzfristig einbrechen. Er hat sich nichts vorzuwerfen, aber es droht Fluchtgefahr, finden die Behörden. Die Firma erholt sich, Herwig nicht. Es ist jetzt 2016. Er sitzt immer noch in U-Haft. Nur für die Prostata-Behandlung darf er die JVA für einige Tage verlassen. Sophie-Charlotte will das mit ihm durchstehen. Die Anwaltskosten saugen seine Liechtensteiner Schwarzgeldkonten leer. Wie konnte es nur so weit kommen? Herwig Plonzen weiß es nicht.

49.

MÄNNER-KARRIEREN 2: DER KÜNSTLER

Dass Lars Steffens eine künstlerische Ader hat, spürt seine Mutter schon, als er in früher Jugend im Friedenscamp von Mutlangen die Küchenzelte bemalt. Für seine Ronja-Räubertochter-Interpretationen verwendet er eine filigrane Mischung aus Kuhscheiße und selbst gemachtem Tomatenpesto.

Lars steht danach ein Jahr der Schülerzeitung »WeCkEr« vor. Nach dem Abi leistet er seinen Zivildienst in einem Altenpflegeheim auf Amrum ab, wo er sich in die fünf Jahre ältere Sarah verliebt, die Germanistik auf Lehramt in Tübingen studiert, wohin es dann auch ihn zieht. Gemeinsam gründen sie mehrere Lesebühnen und machen sie auch wieder dicht.

Für ein 20-minütiges kabarettistisches Kleinkunstprogramm bekommt er eine lobende Erwähnung in der örtlichen Studentenzeitung, was seinen Durchbruch nicht behindert, aber auch nicht fördert. Zu diesem Zeitpunkt glaubt Lars noch an eine Zukunft als Lyriker. Sein Gedichtband »ZumpenGrau in schliefes Müh«, ein 43-teiliger Zyklus, wird zwar nicht veröffentlicht, schafft es aber beim Wettbewerb um den Posten des Stadtschreibers von Bergen-Enkheim bis in die Endausscheidung. Auch beim Ingeborg-Bachmann-Preis geht er leer aus, dafür erreicht er Platz fünf beim »LitPrix« einer österreichischen Kurstadt, die niemand kennt.

Es läuft jetzt bei Lars: Innerhalb von nur einem halben Jahr tritt er honorarfrei bei Poetry-Slam-Abenden in Mülheim an der Ruhr, Berchtesgaden und Sankt Peter-Ording auf. Ein ostdeutscher Kleinverlag wird auf ihn aufmerksam. Seine Eltern finanzieren ihm den Druck einer leicht aktualisierten Version von »ZumpenGrau in schliefes Müh« vor (u.a. will Lars auch das Platzen der Dotcom-Blase um die Jahrtausendwende noch in sein Werk einarbeiten). Drei Literaturblogs erwähnen den Erstling, einer sogar wohlwollend.

Zeitgleich läuft seine Bewerbung um ein Stipendium der Villa Schabracchia, dem literarischen Förderverein einer Milliardärs-Witwe aus dem Ruhrgebiet. Lars lässt sein Germanistikstudium ruhen und bildet sich ein, sich von Sarah zu trennen. Tatsächlich zieht die mittlerweile arbeitslose Lehrerin zu einem 25 Jahre älteren Hidden Champion im Bereich Gabelstapler-Schupfloren. Den bulligen Unternehmer lernte sie als Messehostess kennen, ein Job, mit dem sie Lars und sich selbst zwei Jahre über Wasser hielt.

»Fotze.Macht.Geld« heißt eine lyrische 140-Zeichen-Anklage, seine Verarbeitung der Zeit mit Sarah, die er auf seinem Twitter-Account @poetryCavalry veröffentlicht. Dort lockt er in nur drei Jahren 34 Follower an. Einen davon identifiziert Lars als Trendscout von Suhrkamp. Der Kontakt bleibt indes lose. Lars hält sich mit Jobs als Museumswärter und Lagerist über Wasser. Sein Vater stirbt an einem Schlaganfall. Seine Mutter zieht in eine Senioren-WG der Ebert-Stiftung. Vom Verkauf ihrer alten Eigentumswohnung kann Lars noch ein paar Jahre leben.

Es ist jetzt 2016. Er schreibt unverdrossen weiter. Kurz hintereinander entstehen die Balladen-Sammlung »Vaddermudderkriech« und die Novelle »Khgstnhnd«. Auch van Gogh hat den eigenen Ruhm ja nicht mehr erlebt. Wer weiß, ob Lars in 30 Jahren nicht posthum der Literatur-Nobelpreis zugesprochen wird. Wenigstens diese sehr hypothetische Zukunft kann ihn noch mit einer gewissen Selbstergriffenheit fluten, die er zum Schreiben braucht.

Weitere Manuskripte schickt er an Suhrkamp, S. Fischer und Kiepenheuer & Witsch, wo dieses Jahr schon Benjamin von Stuckrad-Barres Roman »Panikherz« erschien. Stuckrad-Barre ist so alt wie Lars, der findet, dass sein Altersgenosse überhaupt nicht schreiben kann und nur was von Marketing versteht. Aber vielleicht könnte in einer gewissen Drogensucht auch für ihn noch literarisches Potenzial stecken. Lars informiert sich neuerdings im Netz über Rauschmittel, die er sich noch leisten kann. Zu seinem Geburtstag gratulieren ihm neben seiner Mutter nur der ostdeutsche Kleinverlag, Amazon und Tchibo, wo er mal Herren-Unterwäsche bestellt hat. Wie konnte es nur so weit kommen? Lars Steffens weiß es auch nicht.

50.

MÄNNER-KARRIEREN 3: DER NORMALO

Dass Michael Schmitt nichts Besonderes ist, wissen seine Eltern schon, als er im zarten Alter von eineinhalb Jahren noch wie eine Made in der Ecke seiner Krabbelgruppe liegt, während die anderen schon wacklig über ihn drübersteigen. Okay, das sind entwicklungstechnisch zu vernachlässigende Defizite, die sich auch bei Michael zügig rauswachsen. Was in seinem Fall bleibt, ist indes ein weitgehender Mangel an Ehrgeiz. Michael lässt das Leben kommen.

Er macht mit einer sehr durchschnittlichen Durchschnittsnote das Abitur, studiert irgendwas und fängt irgendwo einen Job an. Dann allerdings begegnet er bei einem gemischten Bowlingabend von Controlling und Vertrieb Angelina Jolie, die sein Leben von jetzt auf gleich auf den Kopf stellt: Blitzlichtgewitter, der Reichtum, die internationalen Freunde von Angelina, die Paparazzi – da hat Michael anfangs doch mit größeren Problemen zu kämpfen, als er selbst gedacht hätte. Natürlich ist seine Freundin gar nicht die US-Schauspielerin, sondern eine charmante Sachbearbeiterin namens Petra aus der Personalabteilung. Aber für einen Sommer fühlt er sich doch wie Brad Pitt, denn er ist ehrlich verknallt in Petra, und das Leben fühlt sich an wie ein verrücktes Roadmovie von Detlev Buck, als der noch kleine, freche Filme drehte und nicht »Bibi und Tina« eins, zwei und drei.

Irgendwie verkauft man sich ja immer ein bisschen, ahnt Michael. Es kommt nur immer darauf an, zu welchem Preis und an wen. Dann heiratet er Petra, und die Hochzeitsreise verbringen sie auf einem Trip durch Indien, weil sie die Welt kennenlernen wollen. Michael bekommt Diarrhö, Petra kurz nach Indien ihr erstes Kind. Sie nennen es Max. Dann kommt Anna-Marie, ihr zweites Kind. Dann geht alles sehr schnell, und dass das Leben ein langer, ruhiger Fluss ist, merken sie erstmals, als sie für die Kinder doch wieder zu Ikea müssen.

Ein paar Jahre zuvor hatten sie sich geschworen, dort nie wieder einzukaufen. Nicht weil es bei Ikea hässlich wäre. Es ist viel zu schön. So schön, dass sie dort lauter Menschen begegnen, die ihnen bis in die Frisur oder Rucksack-Marke hinein sehr ähnlich sind. Die Entdeckung des Ichs in der Renaissance war nur ein Zwischenschritt. Die aktuelle Entwicklungsstufe ist der entindividualisierte Schwarm: Maxi-Cosi, Kita, Jugendmusikschule, Robinson-Club-Urlaube, ein bisschen Karriere, Doppelhaushälfte mit hoher Tilgung, Zweitwagen, Haarausfall, Bandscheibenprobleme, Rentenfragen.

Michael ist natürlich noch weit entfernt vom Ruhestand. Aber beim Autofahren bleibt er schon an sogenannten Oldie-Sendern hängen, während seine Kinder Rapper mit großer Street Credibility spotifyen. Er kennt sich weder mit dem Streamingdienst aus noch mit den Rappern. Ein paar Jahre noch, dann werden seine Kinder sich verlieben, heiraten, Kinder kriegen und mit den Enkeln zu Besuch kommen, wenn es gut läuft. Läuft ja heute nicht immer gut. In seinem Bekanntenkreis ist der überwiegende Teil der Ehen schon wieder geschieden, und alle Beteiligten mühen sich redlich, ihm die Vorzüge von Patchwork-Familien zu erklären. Da bleibt er lieber bei Petra, zumal die Kinder jetzt, im Jahr 2016, schon alt genug sind, dass man abends auch mal ausgehen kann. Kino, oder auch mal was Verrücktes: die Lesung eines verkrachten Lyrikers im Kleinkunstkeller der Stadt zum Beispiel. *ZumpenGrau in schliefes Müh*. Haha!

In Michaels eigenem Umfeld halten sich die Sensationen in Grenzen: Sein Vater stirbt, dann seine Mutter. Sein Vorstandschef wird verhaftet wegen irgendwelcher Unregelmäßigkeiten, er selbst wird Bereichsleiter mit ein paar Aktien-Boni und Anspruch auf einen Mittelklasse-Dienstwagen. Von der kurzen Affäre, die Petra mit Max' Geigenlehrer hat, wird er nie etwas erfahren. Michael ist jetzt Mitglied eines Senioren-Feldhockey-Teams namens »Bürohengste«, liest gern skandinavische Krimis, vergleicht vor dem Kauf eines neuen Rasenmähers im Internet die Preise, ernährt sich gesund, achtet auf sein Gewicht, engagiert sich in einer Flüchtlings-AG, hat Angst vor Krebs und verfasst vor Weihnachten unspektakuläre Jahresbriefe für seinen Bekanntenkreis. Wie konnte es nur so weit kommen? Michael Schmitt weiß es auch nicht, aber es hätte schlimmer werden können. Eigentlich ist er ganz glücklich.

DER PROTAGONIST – HERR K.

Herr K. ist Mitte 40, verheiratet, hat zwei Kinder und es längst aufgegeben, seiner Frau erklären zu wollen, was er so macht tagein, tagaus. »Er ist Senior-Consultant-Key-Account-Irgendwas«, hat sie einmal angeschickert bei einer Party einer anderen, wildfremden Ehefrau erklärt. Ob Herr K. nun im Versicherungsgewerbe, Handel oder Maschinenbau arbeitet, ist jedenfalls wurst. Dinge ähneln sich. Immerhin lässt sich die aktuelle Position von Herrn K. auf der Karriereleiter am einfachsten umschreiben mit: Er hat weit weniger Kollegen über als unter sich.

Herr K. ist – beruflich wie privat – bisweilen irritiert von dieser sich rasant verändernden Welt, will sich aber nichts anmerken lassen. Er ist jetzt in einem Alter, in dem es um letzte Fragen geht: Woher komme ich? Wohin gehe ich? Und wie viele Bonusmeilen gibt's auf dem Weg dorthin?

Herr K. ist sehr interessiert daran, Geschichten zu hören, die ihm zeigen, dass er nicht allein ist mit seinen Alltagssorgen und -nöten. Über Ihre Anregungen, Tipps und Gedanken freut er sich.

herr.k@handelsblatt.com

DER AUTOR – HERR T.

Thomas Tuma ist nicht Herr K., was man schon daran erkennen kann, dass er zwar weniger Haare, aber keinen Büro-Kollegen namens Koslowski hat.

Geboren im Südwesten der Republik, begann er nach der Schulzeit eine überschaubare Karriere in der Lokalzeitung seiner Heimatstadt. Es folgten Journalistenschule und Studium in München und Washington, ein Ausflug in den Berliner Boulevard sowie etliche Jahre in diversen Funktionen bei »Stern« und »Spiegel« in Hamburg. So gingen die Jahre ins Land. Wiedervereinigung. Kanzlerwechsel. Klimawandel. Internet.

Tuma heiratete, wurde Vater zweier Kinder und zuletzt Mitglied der Chefredaktion beim Düsseldorfer »Handelsblatt«. Dort sitzt er nun und gießt meist nachts (tagsüber muss er ja arbeiten) all jene Erlebnisse, die er im Bekanntenkreis so aufschnappt aus dem Leben des modernen Mannes, in die gusseisernen Formen charmanter Kolumnen.

Wenn Sie noch ein Thema für ihn haben, schreiben Sie ihm: tuma@handelsblatt.com. Er freut sich.